亚特兰蒂斯

——历史的起源

［英］路易斯·斯潘斯　著

石磬　译

中国大地出版社

·北京·

图书在版编目（CIP）数据

亚特兰蒂斯：历史的起源／（英）路易斯·斯潘斯
著；石磬译. —北京：中国大地出版社，2022.8
书名原文：The History of Atlantis
ISBN 978－7－5200－0729－0

Ⅰ. ①亚… Ⅱ. ①路… ②石… Ⅲ. ①世界史－古代
史－文化史－研究 Ⅳ. ①K12

中国版本图书馆 CIP 数据核字（2021）第 010233 号

YATELANDISI——LISHI DE QIYUAN

责任编辑：王一宾　韩　凝
责任校对：李　玫
出版发行：中国大地出版社
社址邮编：北京市海淀区学院路 31 号，100083
电　　话：(010) 66554518（邮购部）；(010) 66554511（编辑室）
网　　址：http://www.chinalandpress.com
传　　真：(010) 66554656
印　　刷：三河市华晨印务有限公司
开　　本：710mm×1000mm　1/16
印　　张：13
字　　数：240 千字
版　　次：2022 年 8 月北京第 1 版
印　　次：2022 年 8 月河北第 1 次印刷
定　　价：48.00 元
书　　号：ISBN 978－7－5200－0729－0

前　言

我们对于亚特兰蒂斯的了解，大多来自柏拉图对于这座沉没海岛的描述。研究亚特兰蒂斯这项工程的目的，是提出对它已知文明的概括。基于这个目的，本书的书名是《亚特兰蒂斯——历史的起源》。我真心地希望把这项研究建立在科学的基础上，将"历史"这个词汇作为书名的做法，是希望通过书名，可以赋予本书一种精神。这种精神可以对历史研究者有所启发——我渴望通过一切可行的途径探寻历史的真相。

我之前出版过几本关于亚特兰蒂斯的书，书中的观点已经被大众普遍接受，伴随着善意而又宽宏大量的评论，这使我有勇气再向前迈进一步，尝试去寻找亚特兰蒂斯文明曾经存在的证明。在本书中，通过列举的大量证据，我得出了结论。这些证据，都是首次使用的。例如，我已经证明，描绘在帕拉斯花坛上关于亚特兰蒂斯的故事，与柏拉图的描述有着惊人的相似度，但比柏拉图的描述早了一个多世纪。我也证明了柏拉图从埃及汲取素材的源头并非神话，而是真实存在的，也可以确认柏拉图本人访问过埃及。

我对亚特兰蒂斯入侵欧洲的事件，对亚特兰蒂斯岛的确切位置，特别是对在英国和爱尔兰的民间传说和现实中可能存在岛屿的大量证据,提出了许多新见解。事实上,英国的历史是亚特兰蒂斯存在的"试金石",莱昂塞与亚特兰蒂斯的结合,阿特拉斯与英国的结合以及阿尔比昂和提比略的结合,都将进一步证明英格兰岛与沉没的亚特兰蒂斯之间的古老联系。这些证明都来自一个理论,这个理论就是亚特兰蒂斯的文明是真实存在的,这些文明情结体现在某些与之相关的特殊风俗习惯中。我希望可以普及一种更为广泛的观念,那就是亚特兰蒂斯文明是西欧和美国东部文明的前身,它通过海峡中间的小岛与大陆相连。我满怀信心地把亚特兰蒂斯呈现给读者们,因为我确信这会使人们顺利地想到一种假设,而我更相信这种假设是无比接近真相的。

路易斯·斯潘斯
写于爱丁堡雅顿街 66 号

目 录

引 言

　　亚特兰蒂斯的历史必然与其他国家的历史不同,最根本的原因就是它试图记录一个国家的历史,而这个国家已经消失不见了。根据我们目前对柏拉图叙述沉没岛屿的了解,研究亚特兰蒂斯的历史似乎是一项令人神往的工作,其目的是讨论关于亚特兰蒂斯文明所知道的大致轮廓。但是作者很认真地将这项研究架构在科学的基础上,这样作者把"历史"的描述这个工作做得更完美。作者更大胆的推进一步,并把亚特兰蒂斯文明的证据聚集成类似的历史叙事。在本书中,作者得出了许多结论,并提出以前关于亚特兰蒂斯著作中没有出现的证据。作者已经证明了亚特兰蒂斯故事的真实性,对柏拉图叙述的可信度有着非常执着的信念,作者也证明柏拉图引用埃及的资料不是虚构的,是非常真实的。在本书中将大量使用类比法,因为它为我们提供了一个适用的"探测器"。在这个"探测器"的帮助下,我们可以穿透围绕在亚特兰蒂斯历史真相周围的坚硬外壳,去真正地了解亚特兰蒂斯历史。

　　我们是否有可能找到与亚特兰蒂斯历史相关的真相呢?这本书

1

的名字《亚特兰蒂斯——历史的起源》足以引起人们的兴趣，这样就可以建立起对探索亚特兰蒂斯有利的假设。正是因为有了这样无可争辩的事实基础，作者才坚定地支持亚特兰蒂斯理论的根源，作者恳求大众，面对收集的大量证据，拒绝相信柏拉图故事的主要细节是非常幼稚的。

亚特兰蒂斯的存在建立在历史或者一些证据的基础上，关于更加古老的起源可以通过文献中所描述的资料来证明，比如关于亚特兰蒂斯及其相邻地区的地理、风俗和宗教。我们可以把柏拉图对亚特兰蒂斯的描述逐一解析，将其中的描述与类似的历史和考古数据进行比较，可以完全证明柏拉图的描述是正确的。

当然，必须要补充的一点是，柏拉图并不打算把亚特兰蒂斯的事件描述为寓言或者神话。我们有理由认为，柏拉图的理论与事实联系得更加紧密。而蒙茅斯的杰弗里在《不列颠史》中却将亚特兰蒂斯的历史与传说交融在了一起。毫无疑问，杰弗里是从埃及人那里得到这篇故事的。我们没有理由怀疑他讲述这个故事的真实性，就像我们没有理由怀疑其他古代故事一样。然而也正是因为这样，历史才渐渐变成了传说。

柏拉图所描述的亚特兰蒂斯理念遭到了好几代考古学家的嘲笑，仅仅是因为没有直接的文献证据可以证明它的存在。但是，一个文明在11000多年前就完全消失了，我们还能指望有直接的书面证据证明它的存在吗？很明显，必须利用文献以外的证据来证明这种文明的存在。在那些与亚特兰蒂斯相邻的国家里，我们是否发现了柏拉图所描述的那种文明遗迹呢？这本书的目的就是要证明，我们是可以发现的。在最后一章中，我们将看到作者所称的"亚特兰蒂斯文化集丛"显示出一种习俗、仪式和传说的联系。在西欧和美洲东部可以追溯到一种文化综合体。这种文化综合体的单独存在清楚地表明，它一定起源于大西洋的某些区域，而这些区域现已不复存在。

作者坚信，通过分析亚特兰蒂斯传说的特性，它的存在终将得到证实。只有借助于想象和启发灵感的过程，才能解开如此独特而且异常复杂的谜团。陆地上重大的考古发现通常是偶然收获的，就像克鲁马农人和马斯达齐尔岩洞的划时代发现一样。但是等待大海说出她的秘密就是等待永恒。我们必须承认，针对亚特兰蒂斯的考古学仍然处于"炼金术"阶段。职业的考古学家在研究这段历史的过程中，可能会发现很多他不喜欢甚至蔑视的事实。因此，他可能，而且非常可能会否认这段历史。如果他这样做了，我一点儿都不会感到不公平，因为我相信，在处理深奥问题时，大胆猜测与小心求证通常一样可以接近目标。

第一章

亚特兰蒂斯的起源

柏拉图的作品集

柏拉图的《提迈奥斯篇》和《克里提亚斯篇》是迄今为止我们所掌握的关于亚特兰蒂斯的证据中,最全面也是最重要的一部分。由于柏拉图的作品中提到亚特兰蒂斯的那些段落,似乎给我们留下了很多值得期待的东西,因此我在研究了本杰明·乔伊特和阿彻·海因德翻译的《提迈奥斯篇》(源自柏拉图的对话集),还有若利布瓦(关于亚特兰蒂斯的演讲,里昂,1846)和尼格里斯在法语译著中(柏拉图对于亚特兰蒂斯的辩论,国际会议,1905)所提到的《克里提亚斯篇》之后,我把这些文献仔细编辑成了一个新的版本。通过仔细分析、研究这些文献,我坚信我创造了一种解读。这种解读对于研究亚特兰蒂斯的学者来说,更能引起共鸣。这种解读与其说是一篇纯粹的翻译,不如说它更像是对柏拉图式亚特兰蒂斯译文的一种再编辑。在接下来的篇章中,这些内容虽然没有完整地呈现出来,但也没有遗漏任何重要的事实。

　　柏拉图对《提迈奥斯篇》的描述是以对话的形式进行的。苏格拉底、赫莫克拉提斯、克里提亚斯和提迈奥斯为了哲学辩论而相聚。苏格拉底提醒克里提亚斯,他曾经许诺会给他们讲一个故事,这个故事有可能证明亚特兰蒂斯的存在。

　　赫莫克拉提斯:的确,苏格拉底,就像《提迈奥斯篇》中所说,我们将尽最大的努力不背弃承诺。但事实上,昨天在您没有出席的时候,我们在克里提亚斯的会客室,已经讨论过这个故事了。克里提亚斯给我们讲了一个古老的传说。我现在请求他最好能够再复述一遍这个故事,以便让所有人能够对它进行一番鉴别。

　　克里提亚斯:如果提迈奥斯同意的话,我非常乐意。

　　提迈奥斯:我非常赞同。

　　克里提亚斯:苏格拉底,对于一个普通的传说来说,您可以不相信,但对于亚特兰蒂斯的传说却是绝对真实的,因为这个传说是梭伦讲的,而梭伦是希腊历史上最贤明的 7 个人之一。梭伦是我们家族的亲戚,也是我曾祖父很亲密的朋友,这一点他曾在自己的很多篇诗歌中提及。我的曾祖父告诉我的祖父,我的祖父又告诉我们,他说我们的国家在很久以前取得了许多伟大的成就,但是随着时间的推移和人类的代代相传,其中很多成就渐渐被人们所遗忘。但现在是说出这最伟大成就的时候了。

　　苏格拉底:我对此也十分赞同,但怎样才能证明梭伦所描述的这个著名的古代城邦绝不仅仅是个传说,而是有真实的历史呢?

　　克里提亚斯:下面我将为您讲一个从一位老人那里听来的古老的传说。老人克里提亚斯(这里指与他同名的祖父)在讲这个故事时已经将近 90 岁高龄了,而我当时还不到 10 岁。现在的成年礼在当时被称为阿帕图利亚节。按照传统,在这个节日上,孩子们要朗诵一些诗歌,父亲们则应为朗诵诗歌的孩子准备很多奖品。在那个时代,梭伦的诗非常受年轻人喜爱的,所以很多孩子朗诵梭伦的作品。梭伦作为我们家族的成员,他不仅是最贤明的人,也是最高贵的诗人。我记得家族中的长辈也非常赞赏梭伦的学识和人品,每次提起他,他们总会微笑着说:"如果梭伦把自己在埃及的经历记录下来,而不是回来之后因为各种事物的困扰,不用分散精力去处理无谓的纷争,那么他很可能会成为像荷马和赫西俄德一样伟大的诗人。"

"他的诗都是关于哪方面的呢,克里提亚斯?"一位对梭伦不太了解的人问。

"是关于雅典人曾创造过的伟大壮举,还有那些本应在全世界传颂却由于时间的流逝以及历史创造者的消亡而没能流传至今的故事。"

"那就从头给我们讲讲吧。"另一位说道,"梭伦讲的故事,他又是从哪里知道的呢?"

"在埃及。"克里提亚斯说,在埃及三角洲,也就是尼罗河分流的源头,有一个叫作赛伊斯的地方,这个地方的主要城市也叫赛伊斯,是国王阿玛西斯出生的地方。这座城市的创始人是一位女神,当地人称她为奈斯。在传说中,她就是希腊的女神雅典娜。萨伊斯的市民都非常喜欢雅典人,当梭伦到达那里时,深受当地人尊敬。然而,梭伦向当地最博学的神父询问一些历史故事时,却发现他所知道的关于那个时代的故事与萨伊斯人所讲述的故事相比都是那么微不足道。有一次,他想引导人们谈论一些古时候的事情,于是梭伦给他们讲了希腊最古老的传说,即当地人熟知最早的神—甫洛纽斯和尼俄伯的故事,以及杜卡里翁及其妻子比拉在洪水过后是如何幸存下来

的。为了尽力向萨伊斯人证明自己所讲述的历史事件是如何年代久远，他甚至列举出了这些历史事件发生的具体时间。之后，有一位年老体弱的祭司对他说道：'梭伦啊梭伦，希腊人还只是孩子而已啊，你所列举的希腊人中还没有一个可以称得上是老人的呢。'梭伦听到他这么说，问道：'你这话是什么意思呢？'祭司说：'你们在思想上还很稚嫩。因为你们没有古老的传统，也没有经过历史沉淀的古代信仰和知识。其主要原因是在这世界上曾经有过而且还将继续有很多被摧毁的人类文明。人们认为最伟大的东西是火和水，其他的东西就不那么重要了。还有一个故事或许你们更清楚，太阳神赫利俄斯的儿子法厄同曾因为无法驾驭父亲的马车，就将天下万物烧为灰烬，他自己也被雷电击中而毙命的故事。这个故事听起来像神话，但其中所蕴含的真理却折射出了那些划过天际的文明，正如地球上的万物遭受了一场大火的摧残。当大火降临，生活在高山和高地还有干旱地区的生物，就比那些靠近河流和海洋的生物更容易灭亡。在尼罗河暴发洪水的时候，是我们的救世主释放了生命力将我们从灾难中拯救出来。当诸神释放洪水清洗地球时，生活在高山上的牧羊人和放牧者都得以逃脱，而生活在城市中的居民则无一幸免地被洪水卷入大海。而在这片土地上，无论在什么时候，水总是自上而下流的，河流总是从高处流向洼地。正是由于这个原因，我们才得以保留了最原始的古代文明。事情的真相就是这样，无论是冬天的严寒，还是夏季的酷暑，都不能将其摧毁，人类也得以生生不息地一直繁衍下来，尽管有时人丁兴旺，有时数量锐减。因此，不管是在你们雅典还是我们埃及，抑或我们所知道的世界上的其他地区，只要发生什么重大或者显著的事件，都会被古人所记载，并且被保留在我们的祭坛中。而你们和其他民族仅仅是用书信和口耳相传的形式去记载这些历史,那么可想而知,如果一旦在全国范围内暴发类似瘟疫这样的天灾,留给你们的仅剩下那些可怜巴巴的残存记录,而你们整个民族又不得不重新回到初始阶段,对于古代所发生的事情所知寥寥无几——不管是发生在我们这里还是你们自己国家的事情。

'例如,你所描述的那些你们祖先的家谱,梭伦,他们简直就是孩子们的童话。首先,你们仅仅记得发生过一次洪水,但事实上,这样的洪水在历史上曾经发生过很多次;其次,你们并不知道,在你们那片土地上,有过曾经创造出最辉煌文明的族群,你和你们整个城池中的其他人,实际上都是那些文明遗留下的后裔。可是你们对这些事情全然不知,是因为最初幸存者们的后代早已纷纷作古,这段历史也就变得更加扑朔迷离了。早在那场毁掉一切的洪水来临之前,曾经有过一段时期,我们现在所说的雅典在战争和其他方面都是最重要的。那时候曾有许多法典,据说当时已经创造出了相当辉煌的文明,并且拥有了普天之下最权威的宪法。'

梭伦对此称奇不已,立即请求这位老祭司将这段轶事从头到尾详细说给自己听。

'哦,梭伦,我很乐意给你讲。'祭司说,'为了你,为了那座曾经的古城,也为了我们的庇护者和启蒙者——我们共同荣耀的女神。早在 1000 多年前,雅典娜就已经从赫菲斯托斯(古希腊神话中的火和锻冶之神)那里创造了你们的城市和祖先,然后她又创造了我们。当然,根据《圣经》的记载,我们的城市建立于 8000 多年前。但关于 9000 多年前的雅典市民,我只能简要地告诉你当时的法律还有他们所建立的伟大功绩。至于每一件事的确切真相,我们今后有时间可以逐一去检验。'

'如果你将古希腊法律同今天的埃及法律对比,你就会发现,那

时的许多法条与今天的法条完全对应：首先，它建立了神职人员的等级制度，这种制度与其他制度完全分开；其次，每一种技工和工匠都有他们独特的技艺，不会与其他行业技能掺杂在一起；放牧、狩猎和从事农业劳作的人都已经分离出单独的职业群体；同时，你肯定也已经注意到了，武士这一职业也从其他阶级中分化出来了；最后，他们还有装备长毛和盾牌的习俗，我们埃及人是亚洲第一批用武器武装自己的人，因为女神是这样教导我们的，就像她曾在你们国家那样教导你们一样。至于知识体系方面，你看我们的法律在基本原则上多么严谨，职业分工已经相当健全，其中甚至包含了以健康为目的的占卜和医学等行业。从这些伟大的研究中，我们可以汲取对人类有用的需求，并将其与所有相关的科学相结合。所有这一切都是雅典娜最初建立你们的城市时所赋予的，她之所以选择了你们出生的那片土壤，是因为她喜欢那里一年四季总是温暖宜人，这样才能孕育出世界上最聪明的人。正因为这样，你生活的那个地方有了比世界上其他地区更加优越的条件，从而使得那里的人品德更加高贵，也就自然成了神的宠儿。你们国家的许多功绩都是为了赢得世人的敬仰而建立的。但其中有一件事，比其他事迹更加令人印象深刻。根据我们国家编年史的记载，你们的国家在历史上一直延续了这样一种传统——喜欢权势，崇尚武力，并且用这些力量去征服整个欧洲和亚洲，这种力量来自大西洋。在那个年代，人们就已经掌握了横渡大西洋的本领。因为在海峡入口的地方，坐落着一座岛屿，就是你们现在称作'赫拉克勒斯之柱'（即今直布罗陀海峡）的地方。这座岛屿已经比利比亚和亚洲加起来还要大了①。这是大西洋海域上通往其他岛

---

① 柏拉图这里是指北非和小亚细亚。

屿的必经之路，穿过这些岛屿，你可以到达环抱大西洋的另外一片大陆。因此，'赫拉克勒斯之柱'实际上也是作为整个大洋的一个港口，它占据着一片十分狭窄的水上交通要道，但它却是整个大西洋密不可分的一部分，是连接两块大陆最重要的交通枢纽。当时，亚特兰蒂斯岛就拥有着这样一个异常强大的权力中心，它统治着整个岛屿乃至周边的一些其他岛屿，甚至还要跨越大西洋将势力延伸到大陆的部分地区。除此以外，在海峡以东的土地上，这个庞大的国家还统辖着利比亚、埃及和欧洲，直到伊特鲁里亚的边界。巨大的权力中心在不断膨胀、汇集，周围的部族一个接着一个地被征服，整个海峡以内都是亚特兰蒂斯国家的势力范围。所以啊，梭伦，你们国家的文明就这样被传播到世界各地，你们的许多文明成果和优秀文化也得以源远流长地被人类继承下来，而雅典娜女神也不单是战争和勇气的化身，而且成了古希腊人的领袖。而后，她的臣民试图从她的统治中脱离出去，她的权势受到孤立的时候，她又经历了艰苦的战斗，冒着各种危险，重新击败任何敢于冒犯她的敌人和侵略者，捍卫自己的尊严和国家的统一稳定，将所有居住在赫拉克勒斯之柱范围之内的居民归于亚特兰蒂斯国家的统治。在此之后，亚特兰蒂斯突然发生了猛烈的地震和巨大的洪水，在昼夜之间，所有的勇士都被吞没了，亚特兰蒂斯也从此沉入了大海。这就是为何那片海域不能通行的原因了，因为在沉没的大陆部分，海水比较浅，而且有大量的淤泥，这些都是海岛沉没的结果。'

"苏格拉底，你可能已经听过这段克里提亚斯从梭伦那里听来的陈述了，当你昨天谈到宪法和你所描述的那些人，再结合我刚才告诉你的那个故事，我感到非常惊讶。我注意到，你的大部分叙述与梭伦的描述完全一致，这是一种不可思议的巧合。可是，因为担心时间过

了这么久，我的记忆会不会出现了问题，因此我什么都不想说。我想，在我自己把整个故事从头到尾整理完之前，我不能妄下断言。因此，我很快就接受了你昨天交给我们的任务，我认为是在所有这些任务中最艰巨的部分，我的意思是，如果要拼凑一个我们想要的故事，那么我们需要提供相对完美的素材。因此，正如赫莫克拉提斯所说，昨天我一离开这里，我就开始向朋友们复述我记忆中的那个传说；我到家后，几乎用了整个晚上去思考、复原它。我们在童年学到的东西会对记忆产生奇妙的影响，这句话说得多么正确啊。昨天我所听到的故事，我不知道是否可以记起全部情节；但是，尽管我已经很久没有听过这个故事了，如果我忘记了故事情节中的任何一个细节，我都会感到惊讶的。当年我带着稚气快乐地倾听，老人也很乐意指导我（因为我问了很多问题）；这一切使得这个故事像无法抹去的图画一样，永远定格在我的脑海中。第二天一早，我就迫不及待地把这个故事分享给其他人，以便他们可以听到最流利的版本。现在回到我们所谈论的主题——苏格拉底，我准备好发言了，不是一个概括性的论述，而是要详细到我所听到的细枝末节。你昨天向我们描述的人民和城市，就像寓言中提到的一样，我们假定古雅典就是你们想象中的亚特兰蒂斯，雅典人就是我们真正的先祖，就像祭司曾经提到过的那样。这些地方完全吻合，说他们就是生活在那个时代的人似乎也没有什么不对。所以苏格拉底，你必须要衡量，我们的故事是不是你想要的，还是说我们需要再找其他的故事来替代呢。"

苏格拉底："克里提亚斯，到底我们怎样做才更好呢？因为亚特兰蒂斯与雅典娜有关，所以它似乎与女神节特别契合。如果它不是一个虚构的故事而是真实的历史，那无疑是非常好的。但如果我们相信它是真实的历史，我们又要如何找到亚特兰蒂斯人呢？事实上，我们可能找不到。因此,如果有幸能请你继续讲下去的话,就当是报答我昨天所讲的故事,今天轮到我有幸坐着默默聆听。"

以上节选自《提迈奥斯篇》。

在柏拉图的作品中,关于对亚特兰蒂斯的描述记录在《克里提亚斯篇》❶中,据说这篇文章是以人名命名的,这个人通过梭伦对其曾祖父德罗皮达斯所讲述的故事(事实上,它是克里提亚斯对亚特兰蒂斯描述的放大版),了解了亚特兰蒂斯的生活环境。雅典人把自己当作东方民族的领袖,而亚特兰蒂斯王则领导着西方民族。亚特兰蒂斯是一个比亚洲(小亚细亚)和利比亚(北非)加起来还要大的岛屿,因为地震被海水吞没了,它所在的位置被标注了代表危险的流沙标记,因为海岛被吞没的关系,那里的海域无法航行。

在那个时期,雅典拥有广阔的领土,土地肥沃,居民众多。至于亚特兰蒂斯人,克里提亚斯向听众解释,他必须要把亚特兰蒂斯英雄的名字翻译成希腊语。梭伦曾经用诗歌记录了他们的历史,但他发现萨伊斯祭司们已经给这些英雄起了埃及人的名字。因此,他决定顺其自然,保留这一特性。克里提亚斯的祖先曾经用文字记载过这些故事,但是他却不得不依靠自己的记忆来记录,记录这些他从小就听说过,并且深深地印在他脑海中的故事。

在传说中,众神将大地分为几个部分,大小不一,亚特兰蒂斯岛被授予了海神波塞冬。在那里,海神波塞冬和一个凡人女子生下了孩子。这个海岛离海岸线不远,山地不多,岛屿中间有一片平原,美

---

❶　克里提亚斯的意思是:苏格拉底所描述的理想之城与梭伦故事中所描述的雅典非常相似,这使他感到非常震撼。因此,他努力回忆这个故事的每一个情节,希望它能对苏格拉底描述他想象中的城邦有所帮助。在此之后,克里提亚斯继续向人们阐述了人类创造宇宙之前的秩序。

丽富饶、无与伦比。离这片平原大约 6 英里❶的地方有一座小山，山上住着一个土著，名叫伊文诺（Evenor），他的妻子流奇培（Leucippe）生了一个女儿，名叫克莉托（CLito）。这个女孩在父母去世之后，通过海神波塞冬的帮助，用土丘和沟渠把山围了起来。土丘有两堆，沟渠有三条，都填满了海水，它们彼此之间距离相等，都不可能接近土丘。当时，航海技术还不为人所知。波塞冬也在岛屿上安置了两股水流，一股热流，一股冷流，这极大地促进了土壤的肥沃。

在这个神奇的地方，海神波塞冬养育了 5 对男孩，其中有一对双胞胎。他把亚特兰蒂斯分成了 10 块。其中拥有母系能力的领地赐给了长子，这是面积最大也是位置最好的一块领地，其他的王子们被封为亚特兰蒂斯其他 9 块领地的首领。长子的名字叫阿特拉斯。他是整个岛屿的王，大西洋就是以他的名字命名的。他的孪生兄弟在亚特兰蒂斯语中被称为加迪尔，在希腊语中译为尤莫勒斯。他的领地在"赫拉克勒斯之柱"附近的岛屿尽头，从那以后，那块领地被称为加迪里奇。还有一对双胞胎，分别叫安菲索斯和埃德蒙，其余的孩子分别叫曼尼修斯、奥托索尼斯、埃拉西普斯、美斯托、阿萨埃斯和迪亚普雷普斯。岛屿在这些王子的统治下繁荣昌盛地度过了几个世纪，并且在海洋中建立了许多对其他岛屿的霸权，其中还包括埃及和第勒尼安海（Tyrrhenian）附近的岛屿。

阿特拉斯的后代，在几个世纪里不间断延续着主权地位。他们拥有着庞大的财富，在这方面超过了他们所生活的时代之前几个世纪的君王，没有任何一个时代的君主可以与他们相比。通过他们的聪明才智以及勤劳的努力，无论是首都还是乡村，都充满了各种有用

---

❶ 英里：英美制长度单位，1 英里＝1.60934 千米。

且应该存在的东西。阿特拉斯的后裔在几个世纪的时间里一直拥有着至高无上的权力，这样的权力允许他们掠夺其他国家所有的资源。那些岛屿为他们提供了各种各样的石头和矿物，其中最珍贵的是一种山铜，是除黄金以外价值比较高的金属。岛上还产出了大量适合建筑施工的木材。海岛养育了大量的家畜和大象。在沼泽、湖泊、河流、平原和山区都能找到大量的食物。土地上也有大量的树根、木材、树胶、花朵、水果、甜葡萄、玉米等各种美味的食物以及时令蔬菜。人们快乐地躲在树荫下，各种各样的水果可以使他们免于遭受饥饿和干渴，尤其是一种外皮坚硬的水果，甚至可以同时提供果肉、果汁和油膏。总而言之，在这个已经不幸消失的小岛上，我们可以找到一切满足肉体和精神需求的东西。

亚特兰蒂斯岛上的人利用这些自然资源建造了庙宇、宫殿、桥梁。他们开始在海上建造桥梁，其中一端通往皇宫。每一个朝代，他们都会修缮这座桥梁，扩大它的规模，增加它的美感，并且在地上开凿了一条宽 90 米、深 30 米、长 100 公里❶的运河。在运河靠近陆地的尽头，他们建造了一个港口，可以供最大的船只航行。运河切割开了两块大陆，这就意味着 3 列桨座的战船或者 3 层甲板的大帆船，都能够从一个海域穿越到另一个海域。陆地之间的联系都需要通过船只，因此桥梁的高度必须满足船只通行，尤其是加了顶棚的船。第一个海区宽约 550 米，第二个海区宽约 366 米，直接环绕海岛的第三个海区宽约 183 米。

岛屿上的宫殿直径大约 1000 米，面积大概有 5 个体育场那么大。小岛和每个区域都被石墙包围着。在桥梁的入口处有大门，上面建

---

❶ 1 公里＝1 千米＝1000 米。

有防御塔。主入口的桥梁大约有 30 米宽。建造这些建筑的巨石是从岛上挖出来的,有白色、黑色和红色 3 种颜色。环绕宫殿外围的城墙覆盖着一层薄薄的黄铜涂层,宫殿的内部墙壁是镀锡的,外部墙壁则覆盖着一层山铜。

城堡内的宫殿大概布局如下:中间远离其他宫殿的建筑是克莉托和波塞冬的神庙,金光闪闪。第一批亚特兰蒂斯人的后裔每年都聚集在这里,向众神虔诚地献上祭品。波塞冬神庙长约 183 米,面积约 3 英亩❶,长宽高成正比。但它的建筑风格非常原始。宫殿的整个外表镶满银饰,尖顶闪烁着金光,宫殿内部,屋顶上覆盖着金子、银子和闪烁的黄铜。尽管宫殿里有纯金的雕像,但当时仍然非常流行用山铜装饰内墙、嵌板和雕像。海神波塞冬的雕像就矗立在这里,站在战车上,紧握着双翼骏马的缰绳。在海神波塞冬雕像周围,环绕着百名骑着海豚的涅瑞伊得斯(海仙女),其他连绵不断的雕像代表着王室的公主和王子,还有亚特兰蒂斯国家的国王和人民的其他雕像或祭品。庄严美丽的祭坛,就像这座皇家建筑的其他部分一样,与那座宏伟的庙宇相得益彰。

城市的各个地方都有缓缓流淌的温泉和冷水喷泉,人们建造了巨大的开放式浴池,有墙壁有房顶,就像冬天用的热浴池一样。最大的是皇家专用的,还有一部分是女性专用,甚至马和其他家畜也有自己的浴池。每个浴池的设计都充分地考虑到了使用它的是哪个阶层,以便于保证这个阶层应享有的体面和便利。

这座城市的两个区域都遍布着寺庙、神殿、树林和体育馆。主岛中央矗立着一座直径为 183 米的圆形竞技场。竞技场周围,是官员和

---

❶ 1 英亩≈4046.86 平方米

卫兵的住所。皇家卫队的士兵们驻扎在城堡附近，围绕着他们接受加冕的山峰。其他忠心的侍从则住在王宫里，在王子们的住处附近。码头上到处是 3 列桨座战船，战船上配备了航海所必需的一切设备。

穿过出口区的大门就能看到一堵从海岸线延伸过来的城墙，环绕着海岛，全长 2743 米，另一端与通航运河的城墙相连。所有的空间都得到了合理的利用。临海的部分建造了别墅和仓库。海上点缀着许多船只，码头上挤满了来自四面八方的商人，他们在港口里来来往往，热闹非凡。

海岛上，尤其是面朝大海的那一边，大多呈山地地貌。除了海岸线的部分之外，四周都是群山环绕，只有在城市周围才有一片平坦的平原。在海岛上向南方看❶，唯一能够暴露在风暴破坏下的部分只有最高的山坡。我们对于岛上的山峰只有一个模糊的概念。巍峨的山脉绵延不绝，覆盖着茂密而错综复杂的森林，引发了人们最强烈的赞美。山坡上满是住户，人口众多，生活富裕，有河流、湖泊和草原，这样多样化的生态环境为无数野生动物提供了丰富的食物。森林可以提供各种各样可供使用的木材。从海岸上看，海岛海岸线冗长，但运河和沟渠破坏了这种外形。这条运河的长度、深度和宽度都令世人震惊。当我们将这条运河与人类工业文明史上的其他杰作相对比时，这项工程简直不像是人类可以完成的伟大壮举。这条运河穿越城市，流过 1600 多公里，逐步汇集所有从山上流下来的溪水，经过几条较小的运河，最终汇入大海。它作为内陆交通工具的载体，运输大量的木材和食材。也是因为这条运河，人们每年可以收获各种水果和两季谷物，而在冬天，同时依托于神的保护，还可以保护土地免受

---

❶ 柏拉图的意思是，海岛上居住密度最大的区域是南边的部分。

雨水和洪水的侵袭。

在平原区国家分为几个行政区,每个行政区占地面积大约31平方公里❶,同时每个行政区都会配备一支武装部队,并且以将军的名字来命名。所有这些部队加起来约有6万名士兵。山地中的国家也有很多战士,根据法律规定,每个行政区的长官必须配备10辆战车,每辆战车配备两匹马和两个骑兵还有一名车夫,这样,必要时骑兵还可以作为步兵独立作战。长官还要征募10名步兵、2名弓箭手、2名弹弓手和3名石弩手,而且为了组成一支2万人编制的船队,还必须征募4名海员。当然,船队这个配置只适用于亚特兰蒂斯皇室,剩下的9个国家也都拥有独立的军事和经济政权。

说起政权,12位国王在他们自己的领土上都享有绝对的权力。他们对臣民的统治以及国王之间的交往还是要受到亚特兰蒂斯国家统治者颁布的法令限制,这部法令雕刻在位于海岛中央波塞冬神庙中的山铜柱上。国王们6年聚会一次,商议公共事务,认真审查重要的公务,审判恶人,为他们定罪。在审判开始之前,他们会带10头公牛进入神庙。每个国王都要立誓,不借助任何铁器,将这些公牛中的一头献给海神波塞冬。他们将牛牵到刻有国家法令的铜柱前,献祭它们。仪式结束之后,国王们将公牛赶入火中,牛血作为祭酒,用献血浸湿铜柱,直到完全被火烧死。接着他们会将剩下的鲜血装进一支金色的小花瓶,洒到火上,并发誓按照铜柱上所雕刻的去做,他们的国王海神波塞冬定下的律法,做出公正审判来惩罚那些敢于冒犯他们的人。这时候金色花瓶中留下的鲜血,一部分会被国王们喝掉,另一部分则被献给海神波塞冬。夜幕降临,国王们都穿着华丽的蓝

---

❶ 1平方公里＝1000000平方米。

袍回到庙里，商议大事，直到天明。他们把所说的话刻到金板上挂在神庙里，同时将穿过的衣服也一起挂上去，为了更好地在后代子孙中传承。

王室成员们不允许拿起武器相互攻击，而且阿特拉斯的后裔在所有的军事远征中总是被赋予领导地位。王室成员们也不允许杀害其他家庭成员，除非他们得到了国王议会超过6票的赞成票。很多世纪以来，他们没有忘记神圣的文明起源，遵守所有的法律，他们是祖先的宗教崇拜者。他们内心充满真诚，对一切行为和外交关系都抱着节制和谨慎的处事态度，而且只要他们对这种态度一以贯之，那么一切都会向着美好的方向发展。然而，随着时间的推移，人类社会的变迁逐步侵蚀了他们神圣的制度，他们开始向其他人类靠近。他们听从了野心的驱使，企图以暴力统治世界。

后来，众神之王宙斯看到这个曾经如此高贵的种族变得如此堕落，他决定降下神罚，希望通过历史的教训来压制他们的野心。于是宙斯在奥林匹斯山召开了众神会议。

到这里，柏拉图的叙述戛然而止，人们相信，一定是死亡阻碍了他得出结论。

第二章

亚特兰蒂斯的历史起源

从公元前 4 世纪开始，与尤里乌斯·恺撒和奥古斯都齐名的西西里岛阿基日乌姆的历史学家狄奥多罗斯，向我们提供了亚特兰蒂斯相关的历史信息，几乎与柏拉图讲述的一样多。从古老的时代到恺撒征服高卢，他所著的《历史丛书》是那个时代众所周知的一部世界通史。与其说狄奥多罗斯本质上是一位编著者，不如说他也是一位伟大的旅行家。为了收集素材，他走遍了欧洲和亚洲的大部分地区。在他的第三本书的第四章中，狄奥多罗斯论述了东大西洋地区的地理，他断言北非的亚马孙人比小亚细亚的本都人更古老、更有名。但她们并不是居住在小亚细亚土地上唯一好战的女性种族，蛇发女怪戈尔贡人同样因勇敢善战而闻名。亚马孙人住在西边一座叫赫斯帕里亚的岛上，比邻一片名叫特里同尼斯的沼泽，这片沼泽之所以叫这个名字，是因为特里同河从沼泽中穿流而过。沼泽位于阿特拉斯山脚下，与埃塞俄比亚接壤，并一直延伸到海洋。（我沿用了狄奥多罗斯的说法）

狄奥多罗斯说，赫斯帕里亚岛非常大，盛产各种果树，并且有庞

20

大的牛群和羊群,但很奇怪的是,那里的居民不知道什么是玉米。亚马孙人在好战的驱使下,征服了岛上所有的城市,除了一座叫作米纳的城市。当地人认为这座岛是神圣的,现在埃塞俄比亚人居住在那里,他们称它为食鱼岛。它常常被地底喷发出来的火焰烧焦,因此盛产宝石。

亚马孙人征服了许多邻近的北非部落和落后的努米底亚部落,并且在特里同的沼泽地里建立了一座巨大的城池。根据城池的形状,他们把它称作克森尼索,或称半岛之城。他们并不满足于现状,他们入侵了阿特拉斯山,那是个富裕的国家,有很多富饶的城市,那里的神起源于与海洋接壤的地方。他们的王后梅里纳(Merina)率领一支由 15000 人和 2000 匹马组成的军队,穿着蛇皮,拿着利剑、标枪和弓箭,向亚特兰蒂斯猛攻,并击溃了塞耳塞尼城的卫队。他们追赶着败军闯入城中,见人就杀,只将妇女和孩子掳回去。被俘虏的亚特兰蒂斯人民既恐慌又害怕,不由自主地臣服。于是亚马孙女王梅里纳跟他们约定,可以建立另一座以自己名字命名的城池来代替塞耳塞尼城,把他们都安置在那里。

亚特兰蒂斯人对于这位亚马孙勇猛的女王又敬又怕,他们献给梅里纳很多礼物,赋予她很多荣誉,这样的行为似乎完全赢得了女王的心。不久之后,亚特兰蒂斯人民又遭到了蛇发女怪戈尔贡人的袭击,梅里纳女王接到了人民的请求,对戈尔贡的国家发动了战争,杀死大量蛇发女怪戈尔贡人并俘虏了 3000 人。其余的战败者都逃到了森林里,梅里纳想放火烧林,但基于心中的一点点善念还是没有这样做,而是返回了自己的国家。

后来,亚马孙人和蛇发女怪戈尔贡人都被玻耳修斯和赫拉克勒斯征服了。"据说,也是因为一场地震,将通向大海的土地震开了口,

吞没了整个特里同沼泽。"尽管如此,梅里纳在她的统治期间,她将国土延伸到了小亚细亚和地中海岛屿,并与埃及国王荷鲁斯结成联盟。

接着,狄奥多罗斯对亚特兰蒂斯做了更多描述,这些与希腊神话中所描述的并没有太大不同。

狄奥多罗斯告诉我们,亚特兰蒂斯人民居住在一个临近海洋的富裕国家,他们热情好客。他们夸口说,诸神诞生在他们那里,希腊最著名的诗人证实了这个观点,因为赫拉(Hera)曾经这样说过:"在遥远的天边,我曾目睹忒提斯和古老的海洋自称众神之父。"

亚特兰蒂斯人们断言乌拉诺斯(Uranus,天王星)是他们的第一任国王。乌拉诺斯教化了子民,让他们住在城市里。乌拉诺斯统治着世界的大部分地区,特别是西方和北方。他沉迷于研究占星术,预言了许多未来会发生的事,并制订了太阳年和农历月作为时间的度量标准。人们对于他的能力赞叹不已。在乌拉诺斯死后,人们授予他最神圣的荣誉,甚至以他的名字命名了星空。

乌拉诺斯和不同的妻子生了45个孩子,其中有18个都是跟特拉(Terra,地神)所生的。地神特拉后来被称为泰坦人之祖。乌拉诺斯最著名的女儿是巴塞利亚(Basilea)、瑞亚(Rhea)和潘多拉。巴塞利亚对弟弟们关怀备至,因此人们都称她为伟大的母亲。在乌拉诺斯去世后,巴塞利亚被民众选为女王。巴塞利亚后来嫁给了她的兄弟亥伯龙神,并生下了赫利俄斯和塞勒涅,也就是后来的太阳神和月亮神。由于其他的兄弟们担心亥伯龙神可能会篡夺王位,就一起谋杀了他,并且把年幼的赫利俄斯淹死在意大利的埃里达努斯河中(也称之为波河)。她的妹妹塞勒涅,因为爱上了自己的兄弟,从屋顶上跳下去摔死了。

听说孩子们去世的消息,巴塞利亚发疯了。她不停地走来走去,

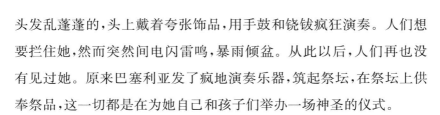

头发乱蓬蓬的，头上戴着夸张饰品，用手鼓和铙钹疯狂演奏。人们想要拦住她，然而突然间电闪雷鸣，暴雨倾盆。从此以后，人们再也没有见过她。原来巴塞利亚发了疯地演奏乐器，筑起祭坛，在祭坛上供奉祭品，这一切都是在为她自己和孩子们举办一场神圣的仪式。

亥伯龙神死后，乌拉诺斯的孩子们分裂了王国。其中最著名的就是阿特拉斯和萨图努斯。阿特拉斯接管了与海洋接壤的国家，将居住在那里的原住民称为亚特兰蒂斯人，并且用自己的名字命名了阿特拉斯山脉。像他的父亲乌拉诺斯一样，阿特拉斯也是一位博学的占星家，也是第一位发现宇宙知识的人。他把天空扛在肩上的传说就是从这里产生的。他儿子中最著名的是赫斯珀洛斯。赫斯珀洛斯在阿特拉斯山上观察星星的运动轨迹时，在暴风雨中消失了。人们为赫斯珀洛斯的命运哀悼，于是就以他的名字命名了金星。

阿特拉斯有 7 个女儿，她们都以父亲亚特兰蒂斯的名字为姓氏，名字分别为迈亚（Maia）、伊莱克（Electra）、塔吉忒（Taygete）、阿耳刻悠妮（Alcyone）、美罗珀（Merope）、塞莱诺（Celaeno）、丝黛罗普（Sterope）。她们的后代是几个民族的先祖。在后来，亚特兰蒂斯姐妹变成了昴宿星团，被尊称为女神。

阿特拉斯的兄弟萨图努斯亵渎神灵，贪得无厌。他娶了自己的妹妹瑞亚，生下了儿子朱庇特。朱庇特是阿喀琉斯的兄弟，也就是我们所说的天空之神。朱庇特有两个选择，要么等着继承他父亲萨图尔努斯的王位，做亚特兰蒂斯之王，要么自己取代他。据说萨图努斯在泰坦族的帮助下，对他儿子朱庇特发动了战争。朱庇特在战争中，却战胜了自己的父亲，并征服了整个世界。"这就是亚特兰蒂斯关于诸神所有的完整记录。"

在狄奥多罗斯第四本书的第二章中，他回到了阿特拉斯和赫斯

帕里得斯起源的主题。他写道,在一个叫西方之国的国家(古希腊诗人称之为意大利)里住着两个有名的兄弟,赫斯帕里得斯和阿特拉斯。他们有一群非常漂亮的绵羊,毛色红润金黄,因此诗人把它们称为"金苹果"。

赫斯珀里得斯是赫斯珀洛斯的女儿,嫁给了她的弟弟阿特拉斯。他们育有 7 个女儿,取名为"亚特兰蒂斯"(Atlantis),以她们母亲的名字命名。埃及国王布西里斯爱上了这些少女,并派遣了一些海盗去抓捕她们。但大力神赫拉克拉斯阻止了海盗,救出了这些年轻姑娘,并将她们交还给她们的父亲阿特拉斯。为了表示感谢,阿特拉斯教了他占星术,教他如何使用球体。希腊人根据这个故事创造了一个神话,那就是赫拉克拉斯有一段时间接过了阿特拉斯的重担,将天空扛在了自己肩上。

在第五本书的第四章中,狄奥多罗斯在一定程度上证实了柏拉图关于希腊半岛部分地区被淹没的说法。他指出,在 7 世纪的时候,洪水严重破坏了罗德岛和科斯岛对面的希腊海岸,从而"在灾难来临的时候,地上的果子干枯败坏了,饥荒盛行,空气腐败,瘟疫流行,人口减少,城镇荒废"。

狄奥多罗斯在他的第 5 本书中还说,腓尼基航海家在非洲西海岸航行时,被大西洋上的强风所驱使,因此获得了海洋的控制权之后,计划进行一次远征,将这块新大陆发展为殖民地,但这个决定遭到了迦太基人的强烈反对。狄奥多罗斯没有提到这个岛的名字;他与柏拉图的不同之处在于,他认为这个岛仍然存在。波斯尼尔斯说,有一个卡利亚人曾委婉地告诉他,有一次他被风带到外海去,"那里的人不再航行;他来到了荒岛,荒岛上住着一些长着尾巴的野人,水手们以前曾到过这些岛,这些岛被称为萨提尔岛"。也许以上整段叙述都是对那位旅行者的一种欺骗。

另一位作者斯特拉博（公元前 54 年），在他的《论塞奥彭普斯和亚波罗多鲁斯的崇拜》中提到了同一个传说，在这个传说中。这个岛被称为米罗皮斯，岛上的人为米罗皮斯人。他还在其他书中引用了波塞多尼奥斯（公元前 151－135 年）的观点，由于这片土地的海拔发生了变化，柏拉图的观点不应该被当作虚构出来的，像亚特兰蒂斯这样的大陆很可能曾经存在过，只是现在消失了。原文是这样说的："波塞多尼奥斯在著作中明确了这样一个事实，那就是地面有时会上升，有时会下降，这是由地壳运动或者其他类似原因引起的，相关原因我已经在上文列举过。"在这一点上，他巧妙地引用了柏拉图的观点，那就是亚特兰蒂斯的故事可能不是虚构的。关于亚特兰蒂斯，柏拉图提到，梭伦在询问了埃及祭司之后，声称亚特兰蒂斯的确曾经存在过，现在已经消失了。那是一座并不比大陆小的岛屿。波塞多尼奥斯认为，比起说亚特兰蒂斯是创造者虚构的，就像诗歌中亚该亚人的城墙一样，还是这种观点更加合理。

庞波尼乌斯·梅拉（公元前 80 年）在他的书中明确肯定了亚特兰蒂斯的存在，但他认为它应该在南温带。

公元前 4 世纪的希腊史学家，来自希俄斯岛的塞奥彭普斯，他的作品几乎没有流传下来，只有在公元前 3 世纪的学者埃利安（Elian）所著的历史学杂文集中略有提及。书中提到狄俄尼索斯的养父西斯诺斯对费里吉亚国王迈达斯讲述大西洋地区。迈达斯有一次喝醉了，抓住了他，从他口中了解到许多古代秘闻。塞奥彭普斯说，西勒诺斯告诉了迈达斯一些被海洋环绕着的岛屿名字，它们是欧罗巴岛、亚洲和利比亚。在这些岛屿之外，有一座大陆，广阔无垠，一望无际，大陆上的草场和牧场可以供很多大型野生动物生存。居住在这片土

地上的人,平均身高是我们正常人类的两倍多,但他们的寿命却比不上我们。

从普鲁塔克的对话中,我们可以看到萨图尔尼亚大陆,他用自己的道德做担保,奥杰吉厄岛位于海洋的怀抱中,处于从英国向西航行大约5天行程的地方,而且在它的西北方向,夏季太阳落山的地方,还有3个彼此之间距离大约相等的小岛。在其中的一个故事中提到,土著人假装萨杜恩被宙斯囚禁了。囚禁地周围的海域被称为萨杜恩海,海岛被大海环绕,距离奥杰吉厄大陆目测大约8000公里,但距离其他岛屿倒是不远。这片大陆的里海附近有一个海湾,那里是希腊人居住的地方。他们每30年就派一部分人到囚禁萨杜恩的海岛上去当祭司。这些人中的一个到访了他们所称的欧洲。从他那里,普鲁塔克学到了很多奇怪的东西,尤其是关于死亡后灵魂的状态。

普罗克洛斯提到一位鲜为人知的作家,马塞勒斯在他的著作《埃塞俄比亚历史》中描述过,位于大西洋且靠近欧洲的10座岛屿。他说,这些岛屿上的居民还保留着关于一个更大的大西洋岛屿——亚特兰蒂斯岛的记忆,那时的亚特兰蒂斯长期统治着大西洋海域的其他岛屿。他说,在10座岛屿中有7座是普罗塞耳皮娜的神社,剩下3座,一座给了普鲁托做神社,一座给了阿蒙神,另外一座有1600公里长的大岛,给了波塞冬。

公元4世纪,在非洲西卡非常有名的基督教卫道士亚挪比乌教父,在他的第一本书中写道:"遍寻用各种语言书写的历史记录,你会发现所有的国家都曾经经历过贫瘠苍凉、人烟稀少的时代。各种各样的庄稼都被蝗虫、老鼠吃光了。只要回顾你们国家的历史,这些灾难就会向你们证实。从古至今,灾难降临得如此频繁,使人们一次次陷入贫苦的境地。大地震动,城池摇摇欲坠:什么? 城市里的居民不

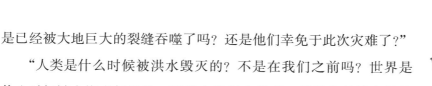

是已经被大地巨大的裂缝吞噬了吗？还是他们幸免于此次灾难了？"

"人类是什么时候被洪水毁灭的？不是在我们之前吗？世界是什么时候被火烧成灰烬的？不是在我们之前吗？最繁华的城市是什么时候被大海的巨浪吞没的？不是在我们之前吗？人类与野兽斗争、与狮子搏斗是什么时候呢？不是在我们之前吗？什么时候毒蛇给整个社会带来了灾难？不是在我们之前吗？既然你们习惯于把战争频繁发生的原因都归咎于我们，比如，城市的毁灭、斯基泰人的侵略等，请原谅我这么说，然而你并没有意识到你所指控事情的真实性质。"

"10000 年前，数量庞大的军队突然从海神的亚特兰蒂斯岛上冲出来，摧毁了无数的部落，这些是我们带来的吗？"

关于亚特兰蒂斯的经典总结到这里就足够了。老普林尼在他的《自然史》中，对亚特兰蒂斯提出了质疑，但是犹太人斐洛（Philo），作为柏拉图学派的信徒，却欣然接受了他伟大导师的理论。朗基努斯认为《提迈奥斯篇》中描述的亚特兰蒂斯情节只是一种文学修饰手法，既没有史实依据，也没有哲学意义。普罗克洛斯的导师西利亚努斯大师将亚特兰蒂斯的传说当作历史事实，因此他也被认为是教条主义哲学家的象征。阿穆利乌斯将两人看作恒星和行星的关系，努美纽斯则将两人比作善与恶的对立。基督教父奥利金认为柏拉图的理论是引起善与恶之间不断战争的寓言，波菲利从中看到了肉体和灵魂的冲突，扬布里柯则认为这两者的对立和希腊人与波斯人之间的战争、众神和泰坦之间的争斗、奥西里斯和提丰或塞特之间的战斗，混乱和秩序之间的持续斗争，多元与统一之间的对立等，这些纷争非常相似。

后期古希腊文化学派与柏拉图理论的观点，可以在《阿米安努斯·

马塞林努斯》第 18 卷中找到,书中提到亚特兰蒂斯的毁灭是一个历史事实。拜占庭地理学家,希腊人科斯莫斯在其地形学理论中将亚特兰蒂斯大陆纳入他们的宇宙测量系统,但为了尊重《圣经》的权威,保持与《圣经》内容的一致性,他改编了亚特兰蒂斯的地理环境。他坚信地球是平的,海洋周围是一片广阔的大陆。人类起源于这片大陆,为了证实这种观点的真实性,他引入了《提迈奥斯篇》的权威理论。他认为,柏拉图的理论是来自原始摩西传统的遗产,但是亚特兰蒂应该去东方寻找,而且应该是诺亚后代的居住地。

后来,塞拉努斯在 1578 年宣称,他在摩西的著作中找到了解开通往亚特兰蒂斯入口的咒语。这种暗示被狂热三人组于埃(Huet)、博沙尔(Bochart)和沃思斯利用了,他们巧妙地错译了《摩西五经》,使他们同时代的人因为轻信他们的理论而陷入困惑,并且接受了柏拉图所描述的亚特兰蒂斯岛只是宗权历史上的一场戏剧这种说法。

尽管他们的结论得到了广泛的认同,但马赛坚定的拥护者马修·奥利维尔似乎没有抓住塞拉努斯主要论点的要点和精髓。奥利维尔进一步阐述了他导师的理论,他认为亚特兰蒂斯应该在巴基斯坦,假设《圣经》中的创始人都是亚特兰蒂斯居民,而且有历史记载曾居住在这片圣地上,那么这片土地无疑就是亚特兰蒂斯。大约 25 年后的 1754 年,学识渊博的瑞典人欧美尼乌斯更深层次地挖掘了奥利维尔的观点,使这一理论得到了更接近本源的结论,并用犹太历史来解释整个亚特兰蒂斯的神话。然而,在他之前,还有另一个斯堪的纳维亚人奥劳斯·鲁德贝克,他的学识惊人,因为在 1692 年就出版了他的著作《神奇的亚特兰蒂斯》。怀着一种爱国主义情怀,他坚持认为挪威文的《埃达》才真正解密了亚特兰蒂斯,而不是马赛克文。对他来说,瑞典才是亚特兰蒂斯,乌普萨拉则是柏拉图所描述的乌托邦首都。

亚特兰蒂斯——历史的起源

在书中,他努力证明斯堪的纳维亚半岛不仅是所有欧洲文明的中心,也是一个原始世界传说的源头。在这个传说中,《埃达》是一片幸存的碎片。

亚特兰蒂斯的地理位置在北方这个理论难以轻易消失。因为里昂作家盖特佛塞在1923年出版的著作《亚特兰蒂斯的真相》一书中仍然提到了这个理论。但是他还有一个值得尊敬的先驱者——和伏尔泰同时代的贝利,他和鲁德贝克一样,觉得在寒冷的北方会发现亚特兰蒂斯岛。就在法国博物学家布封伯爵提出了那个著名的观点之后,即维持地球温度的"中心火"在经过多年的消耗已经冷却了,贝利抓住了这个概念,大胆断言,现在寒冷的北方,曾经几乎应该拥有热带气候条件。他坚持认为,在那段炎热的时期,北方的居民就是柏拉图口中的亚特兰蒂斯人。随着气候的逐渐变冷,亚特兰蒂斯人带着科学知识和宗教信仰迁徙到了亚洲,随后这些知识和宗教信仰就在全国推广起来。在著作《亚特兰蒂斯的古代天文学历史和文字》一书中,他使出浑身解数试图证明斯匹次卑尔根岛曾经是一个富饶而人口众多的国家。事实上,这就是柏拉图所说的亚特兰蒂斯。但奇怪的是,尽管贝利的理论曲解了传说的本质,但是在北欧的一些地方,仍然盛传这样一种说法:在北极附近的某个地方,存在一座富饶的山谷。这种说法在经过来自美国北极探险者的证实后再次兴盛起来,他们生动地描述了极地低洼的山谷,那里花香四溢、蝴蝶成群。

贝利是塞萨利作家犹希迈罗斯忠诚的拥护者,他相信所有的神话都是有历史根据的。对他来说,阿特拉斯就是热带气候时期斯匹次卑尔根——亚特兰蒂斯群岛的国王,以及真正的人类统治者,杰出的天文学家和地球理论的创造者。他认为生活在寒冷北方的亚特兰蒂斯人经过长时间的迁徙,最终在塔尔塔里平原上定居了。但是贝

利这番高深的理论实在是太经不起推敲了，即便对于当时正处于灾难中的巴黎人民来说也没有办法轻易相信，要知道他们可是正经历着堪比亚特兰蒂斯沉没般可怕的噩梦。即便是被贝利推崇备至视为救命稻草的伏尔泰，即便曾对亚特兰蒂斯大陆存一丝善意的怀疑态度，仍会对贝利的北极假设感到吃惊。柯利伯爵在他的《美国文学》一书中巧妙地纠正了贝利理论的荒谬之处，而后提出了一种更容易被接受的理论，那就是亚特兰蒂斯其实就是美洲大陆。

但是更加博学也更加努力地寻找亚特兰蒂斯地理位置的人其实在其他地方，比如亚洲。亚特兰蒂斯研究学会成员迪莱尔·德·萨莱斯在 1779 年匿名完成的《亚特兰蒂斯岛史》中曾经提到过这种可能。德·萨莱斯试图通过地质学来辅助证明，真正的亚特兰蒂斯曾经坐落在一个巨大的古代海洋中，这个海洋曾经占据了希腊和意大利半岛的大部分。他认为，地球在远古时代几乎完全被水覆盖，但随着时间的推移，水蒸发了一部分，就形成了现在我们所看到的这片海域，连接里海到波斯湾、印度洋到地中海的中间地段。在这片古老的海域中间，分布着高加索山脉，德·萨莱斯认为这片山脉曾经与亚特兰蒂斯相连。文化文明从那里分 3 条路流传出来，一条进入阿特拉斯山脉，一条流入了一座同样与世隔绝的大陆，另外一条进入了中亚。德·萨莱斯更倾向于柏拉图所说的亚特兰蒂斯像是荷马史诗中女巫卡吕普索居住的奥杰吉厄岛。他断言，这个位于"意大利和迦太基之间"的岛屿已被地震摧毁，撒丁岛仍是一片废墟。他将亚特兰蒂斯人称为"人类的宝藏"，并将这个体系描述为"古代历史的钥匙"。

巴尔托利在《自然解释》一书中提出了一种假设，这种假设似乎相对来说较为靠谱，但实际上仍然很奇怪。他说，梭伦创造了亚特兰蒂斯的寓言，并使之成为寓言和诗歌的主题，但是在诗歌中，亚特兰

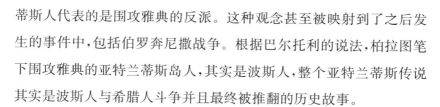

蒂斯人代表的是围攻雅典的反派。这种观念甚至被映射到了之后发生的事件中,包括伯罗奔尼撒战争。根据巴尔托利的说法,柏拉图笔下围攻雅典的亚特兰蒂斯岛人,其实是波斯人,整个亚特兰蒂斯传说其实是波斯人与希腊人斗争并且最终被推翻的历史故事。

同样令人好奇的是,人们似乎也试图将失落的亚特兰蒂斯与美国联系起来。在美洲被发现后不久,有关这个主题的研究就开始出现,人们付出巨大的努力希望将亚特兰蒂斯与新大陆联系起来。1553 年,戈马拉在《印度史》一书中毫不犹豫地把美洲和亚特兰蒂斯联系在一起。8 年后,纪尧姆・德・波斯特尔注意到墨西哥的本土名称阿兹特兰(Azlan)与亚特兰蒂斯非常相似,因此他更倾向于相信新大陆就是亚特兰蒂斯。培根在他的著作《新亚特兰蒂斯岛》中认定美洲就是柏拉图书中的小岛,尽管这很可能是受到苏格兰小说家詹姆斯・马修・巴利伯爵的奇幻精神影响。但是莎士比亚也将他的名剧《暴风雨》的场景设定在了一座奇妙的大西洋小岛上,想必他应该也是想起了亚特兰蒂斯的故事,这样看来,这种假设似乎并非不可能。

法国地理学家尼古拉斯和纪尧姆・索森在研究方法方面,绝不异想天开。1689 年,他们出版了一本地图集,描绘了美洲原始的地理划分,并根据柏拉图的故事将当时的美洲分为了 10 个部分,分别由阿特拉斯之父波塞冬的 10 个王子统治,甚至成功标注出了殖民地。直到 1762 年罗伯特・德・沃古迪制作了一个类似的地图集来验证梭伦的说法,尽管伴随着伏尔泰拥护者恶劣的嘲笑声。甚至是对柏拉图的《提迈奥斯篇》和《克里提亚斯篇》持严肃批评态度的斯塔尔鲍姆,也支持美洲就是亚特兰蒂斯这种理论,并且认为古埃及人了解西方大陆还是很有可能的。哈尔莱斯和洪堡对美洲就是亚特兰蒂斯的理论还是持反对态度的,尽管他们相信这个传说真的是梭伦从埃及带

回来的,但仍认为难以置信。至于其他更现代的作家,布封、丁格尼、曼特勒和雷纳尔一般对于亚特兰蒂斯存在论的态度都比较中立,德国作家基歇尔和贝克曼是全盘接受的,波德洛、图尔内福特、恩格尔、卡迪特、德拉博尔德和圣·文森特则完全是热心拥护者。

后辈作者中有许多人都同意柏拉图所说的亚特兰蒂斯曾经存在过,但是他们对亚特兰蒂斯国家中曾经发生的事件情节和柏拉图所讲述的奇迹有不同看法。他们中有些人认为,亚特兰蒂斯神灵的名字大多起到象征性含义,或者说,其实是宇宙元素的拟人化。亚特兰蒂斯的 10 位国王,在他们看来代表了上古时期的辉煌时代。亚特兰蒂斯的历史,实际上就是对人类所知道的早期历史而已。基歇尔、丁格尼、曼特勒等认为大西洋上的岛屿就是亚特兰蒂斯沉没后留下的遗迹。布丰认为爱尔兰、亚速尔群岛和美洲都是亚特兰蒂斯的一部分。德拉博尔德认为最初的亚特兰蒂斯大陆囊括了摩鹿加群岛、新西兰和其他遥远的岛屿群。恩格尔和德科利伯爵坚持认为亚特兰蒂斯岛的边界已经触及了欧洲、非洲和美洲的边缘。根据他们的说法,人类是通过大西洋大陆桥从旧世界进入新世界的,大西洋大陆桥的沉没破坏了这两个大陆之间古老的交通。

第三章

亚特兰蒂斯历史起源的检验

在进一步讨论之前，我们有必要对目前所掌握的亚特兰蒂斯历史起源的资料进行彻底审查，包括他们所记述历史的完整性以及故事发生的可能性。至于柏拉图的描述，从普罗克洛斯到乔伊特，许多评论家都给出过真诚的意见，那就是它们认为这是柏拉图编造的一个寓言故事，或者说一个"高级的谎言"。"在我看来，"阿彻·海因德说，我们无法确定到底是柏拉图从头到尾编造了这个故事，还是说它实际上或多或少地代表了梭伦从埃及带回的某个传说。尽管在其他场合也谈到过这个故事的不可能性，但仍然指责斯塔尔鲍姆采纳了普罗克洛斯对柏拉图所说的，他的故事"不是简单的虚构和想象，而是真实发生的事实历史"的错误解释。柏拉图对这一点非常清楚。仅在《提迈奥斯篇》中，他就在几个段落中强调了他叙述的历史真实性。他说："这很奇怪，却是千真万确的。"的确，梭伦想要把它变成史诗的主题，克里提亚斯通过儿时听过的故事，长大后仍然能够生动地回忆起当时的情节。这些细节，在他的脑海中"不可磨灭地保留了下来"，就像瓦片上绘制的"彩绘图画"。苏格拉底也在《提迈奥斯篇》中

说:"这不是虚构的故事,而是真实的历史,这无疑是一个伟大的观点。"柏拉图在《克里提亚斯篇》中进一步指出,克里提亚斯的曾祖父曾以书面形式记载过亚特兰蒂斯。

梭伦曾访问过埃及这个事实,看来是不容置疑的。普鲁塔克在《梭伦的一生》(第二十六章)和《伊西斯和奥西里斯》(第十章)中提到过,梭伦访问过埃及,并且在萨伊斯与祭司松契斯交流过。根据亚历山大港的克莱门特主教的说法,松契斯也是教导哲学家毕达哥拉斯埃及祭司的名字。普罗克洛斯在他所写的关于《提迈奥斯篇》的文章中提到,柏拉图也游历了埃及,并且在萨伊斯与帕特尼特祭司、在赫利奥波利斯与奥奇拉皮祭司、在塞本尼特斯与伊提蒙祭司都分别做了交流。他曾隐晦地暗示过,他所说的帕特尼特祭司就是在《提迈奥斯篇》提到的那位。

克里提亚斯曾经提到,梭伦写过一首关于亚特兰蒂斯的伟大史诗,而且他关于亚特兰蒂斯的手抄本通过克里提亚斯的曾祖父、祖父,最后一直流传到了年轻的克里提亚斯耳中。根据普罗克洛斯所保存的家谱,克里提亚斯的祖父是柏拉图母亲的表哥。在阿斯特和克莱恩对柏拉图理论的评论中,他们认为亚特兰蒂斯的传说的确是由梭伦第一个从埃及带回来的。普鲁塔克明确支持柏拉图的说法,那就是梭伦打算写一首关于亚特兰蒂斯的诗,但由于他的年龄太大而被迫放弃了这一想法。在《提迈奥斯篇》中,柏拉图也详细地表达了梭伦对于自己没有实现计划的遗憾。马丁在他关于亚特兰蒂斯的文章中也给出了精准的判断,那就是柏拉图知道自己和梭伦是亲戚关系,而且力求表达出这个亲戚的观点。为了达到这个目的,他采用了古代流传下来的历史资料作为自己观点的基础。

格兰托尔在柏拉图 33 年之后去世,他是最著名的柏拉图评论家之一。他说,在他的时代,埃及祭司曾向希腊人展示过,上面刻画着亚特兰蒂斯历史的柱子。当然,众所周知,梭伦听到亚特兰蒂斯传说的城市萨伊斯,是一个与希腊紧密相连的城市。它的确是希腊文化的中心,在公元前697年到524年之间发展达到鼎盛,这期间的一位君主萨姆提克一世,就是在希腊雇佣兵的帮助下才保住了王位。因此,萨姆提克一世教导他的儿子萨姆提克二世学习了希腊语,并且鼓励希腊人民有任何困难都可以来萨伊斯找他寻求帮助。萨伊斯和雅典之间这种友好的交往源于他们都崇拜同一位女神雅典娜。于是,希腊人民就产生了这样的疑问,是不是刻克洛普斯国王将萨伊斯作为雅典的殖民地了呢?事实上,萨伊斯的祭司似乎的确试图通过寻找阿提卡和埃及制度之间的相似性来讨好雅典人。那时,萨伊斯1/4的国土都被分配给了希腊人。萨伊斯国土中的希腊元素是如此强大,也正是因为这样,究竟是萨伊斯人影响了阿提卡人,还是雅典殖民了萨伊斯,都是一个有争议的问题。

综上所述,如果萨伊斯的祭司们将亚特兰蒂斯的故事告诉了梭伦,那么几乎可以肯定的是,他们一定也会将这个故事转述给经常跟他们往来的其他希腊人。只要参考希腊人喜欢跟各个国家都建立联系的商业特点,我们不用怀疑他们一定会这样做的。但是想想柏拉图的故事曾经在古代引起广泛的兴趣,如果他对于亚特兰蒂斯的叙述不是来自梭伦,而且埃及式生活方式也没有在萨伊斯盛行,那么这个负面的消息一定迟早会传到雅典,那时势必会有成千上万的希腊人站出来反驳他。

至于柏拉图理论的另一个有异议的地方,就是他的故事中所描述的情形,与考古学家证实的早期欧洲的情形高度吻合,这是非常离奇的。柏拉图关于亚特兰蒂斯侵略时间的大致记载,与中石器时代

的伊比利亚先祖闯入欧洲的时间完全一致。同时，他也认为这些欧洲和非洲的人民是亚特兰蒂斯的附属子民。"从利比亚到埃及，欧洲到伊特鲁里亚边境"，这些地区正是伊比利亚人祖先站稳脚跟的地方。

《提迈奥斯篇》中声称，是雅典将欧洲从亚特兰蒂斯的暴政中解放出来的。毫无疑问，在柏拉图所说的那个年代（公元前9600年），雅典是不存在的。这个年代比埃及的第一个王朝早了几千年，在雅典的遗址中也只发现了少量属于新石器时代的陶器。与此同时，正如我们所看到的，欧洲和非洲当时并没有处于悲惨的野蛮状态。在这期间的几个世纪里，当地人民也只是模糊地记得，他们似乎是在逐步抵抗着远古伊比利亚人。

"后来，"向梭伦讲述亚特兰蒂斯的埃及祭司说，"在地震和洪水暴发之后的一天一夜的时间里，埃及遭到了毁灭性的打击；你们国家的勇士都被地球的裂缝吞噬了，而亚特兰蒂斯也同样沉入海底消失不见了。"值得注意的是，在柏拉图的描述中，希腊是被陆地裂缝吞噬的，而亚特兰蒂斯是在大海中沉没的。雅典的守护神雅典娜和海神波塞冬是死敌。海神波塞冬是亚特兰蒂斯的守护神，也是亚特兰蒂斯的缔造者。二人为占有雅典而进行的斗争在希腊神话中是非常著名的。研究柏拉图学说的其中一个学派认为，雅典人对亚特兰蒂斯人的胜利是体现在雅典娜节时，女子所穿的有象征意义的短裙或服饰上的。由此推论，对这个学派来说，雅典人、雅典娜臣民、亚特兰蒂斯人、海神波塞冬及他的臣民之间的冲突，具有鲜明的历史特征，是一种真正的民间记忆。顺便说一下，前文提到的雅典娜节，它在柏拉图时代之前的至少125年就存在了。因此，无论雅典和亚特兰蒂斯的传说到底是真实历史还是神话故事，在柏拉图出生的一百多年之前，雅典人就一定已经人尽皆知了。那么，如果柏拉图再刻意编造这个

传说的话，一定会在第一时间就被戳穿。菲利普·史密斯在威廉·史密斯的《希腊罗马地理集》中关于"亚特兰蒂斯"的一篇文章中评论道："如果说亚特兰蒂斯理论完全就是由柏拉图开创的，这种说法很难让人信服……因为这个传说也以其他形式在别的地方出现过，并没有完全复制柏拉图的描述。"这让我们想起了斯特拉博也曾经引用过波塞多尼奥斯的话，他相信亚特兰蒂斯曾经存在过，只是之后沉没了，而不是"在神话故事中被讲故事的人描述为沉没"。

可以说，如果上述那段关于雅典服饰的花纹代表雅典战胜亚特兰蒂斯的理论是正确的，那么柏拉图就仅仅是以当地的神话传说为基础编造了一个故事。可是，那他又为什么要强调自己所讲的话是真实的呢？而且是从埃及流传出来的？很明显，柏拉图一定了解雅典服饰花纹的典故。他一定非常清楚地知道这些服饰与雅典娜节的关系，却仍然对这些只字不提，极有可能是因为他认为雅典人肯定对自己的民俗非常了解，根本就不用他赘述。正如苏格拉底在《提迈奥斯篇》中所说的，"由于跟女神的联系，它特别适合雅典娜节"，这就是柏拉图知道雅典人与雅典娜节之间关系的确凿证据吧。而他重点强调这段故事来自埃及，也许是想要为故事寻找一种古老的认证，通过埃及祭司的表述来证实，如果仅仅是因为故事背后没有书面的历史证据，就误认为它只是人为编造出来的，那么这种想法无疑是有些愚昧的。事实上，柏拉图在阐述他的政治论点，很有可能也体现了这样的意图。

就像前文中已经提到过的，回忆一下雅典娜和海神波塞冬之间的冲突时，我们很惊奇地发现，其实在 1923 年 9 月，一位作家就在荷马的《奥德赛》中发现了一些关于亚特兰蒂斯传说和希腊关系的痕迹，文中曾隐晦地提到了二者之间的不和。奥德修斯从特洛伊回来

后,登上了独眼巨人的岛屿,在经历了多次绝望的冒险之后,他才成功地逃离了那个危险的地方。事实上,作者写道:"我们在荷马的《奥德赛》中所了解到的英雄奥德修斯,他的游历和冒险实际上就是跟波塞冬或者说是亚特兰蒂斯的守护神之间的斗争。"在奥格吉厄岛,奥德修斯被"巫师"阿特拉斯的女儿——女巫卡吕普索囚禁,是雅典娜出手保护了他。因此,我们又一次可以发现雅典娜女神与亚特兰蒂斯保护神之间的冲突,而且这一次已经不是暗示了,几乎可以称之为一种"明示"。我们有理由提出一种假设,那就是雅典人民以及他们的守护女神雅典娜的确都与亚特兰蒂斯人有着复杂的联系。而奥德修斯与海神波塞冬之孙女,即阿特拉斯之女卡吕普索之间的矛盾强有力地证明了这种假设。

"直到今天,那片海域因为浅滩的阻挡仍然无法正常通行,也没有办法探索,这都是亚特兰蒂斯岛沉没造成的。"这句话的真实性被几位古代作家充分证明了。跟柏拉图同一时代的作家塞尔扣克写了《亚历山大大帝前传》,在他的著作《伯里浦鲁斯游记》中写到,在非洲大西洋海岸的一个小岛,赫拉克勒斯之柱12天行程的范围之内,部分海域因为浅滩、泥浆和海藻已经无法通航了,那里的海藻有手掌那么宽,尖部像刺一样。

根据诗人阿维阿努斯描述,希米尔科从迦太基出发,去探寻公元前500年前后未知土地的旅途中,在大西洋遭遇了"海藻、浅滩、死寂和危险"。虽然阿维阿努斯的诗大概写于4世纪,但他声称完全是在复述希米尔科的故事。据说,希米尔科的原话是这样说的:"没有风可以推动船前进,在这片平静的海域中,连风都是死的。"他(希米尔科)还补充说,海浪中夹杂着很多海藻,总是像灌木一样阻碍船的前进。然而,海洋其实并不是很深,水几乎覆盖了地表。海里的怪物可以浮浮沉沉地游动,陆地的野兽也可以在船只之间涉水爬动。远远的地方有一些柱子,柱子的西边就是无边无际的大海。船无法在这片海域通航,不仅仅是因为没有风的推进,还因为黑暗总是笼罩着天空,雾气又掩盖着海面。

亚里士多德在著作《气象通典》中也写过,赫拉克勒斯之柱以外的大海是泥泞的浅滩,几乎没有风吹过那里。亚里士多德是柏拉图的学生,这似乎可以很好地证明,柏拉图的理论其实是建立在最可靠的文献研究基础上,而且这些文献极有可能来源于腓尼基人或者希腊水手。

除了确凿的证据之外,我们还有一些其他晚期的证据可以证明大西洋是不可通航的。阿拉伯作家伊德列西说,在 8 世纪到 12 世纪期间,一位来自里斯本的摩尔人水手马格鲁林在探寻一座大西洋的小岛途中,因为遇到一片不可穿越的海域而不得不改变了目的地,从而到达了一片群岛。在 1367 年的皮齐加尼版地图中也有一行鲜明的红字,写着严禁在亚速尔群岛以外的海域航行,而亚速尔群岛就是马尾藻海的起源地。

《克里提亚斯篇》中的一些细节引起了我们的注意。我们想到的第一点是在克里提亚斯的故事中,萨伊斯的祭司站在埃及的角度讲述了亚特兰蒂斯人的名字,但克里提亚斯却被迫要将这些名字"翻译成希腊语"。如果这个故事是虚构的,那么他完全没有必要去强调这一点。但是,波塞冬或者阿特拉斯这些名字的确很难翻译成埃及语。因为埃及历史上没有与海神波塞冬相对应的神祇,也没有英雄可以媲美阿特拉斯。然而,在古埃及历史学家狄奥多罗斯的文献中提到的诸神却很容易与埃及历史相匹配,这很可能是因为克里西提斯或者柏拉图只是站在雅典人的角度,复盘了一些与泛雅典娜节相关人

名,这样就可以解释海神波塞冬的出现。毕竟在神话故事中,波塞冬与雅典娜有密不可分的联系,一个是雅典城的守护女神,而另一个是亚特兰蒂斯唯一的创始神。海神波塞冬其中一个儿子的名字叫加迪洛,这是唯一一个与亚特兰蒂斯相关的儿子,"他获封了岛屿尽头的赫拉克勒斯之柱附近的领地,从那以后,那片地域被称为加迪洛科"。这个名称和西班牙加的斯附近的经典城市名称非常相似,由此我们可以推断,西班牙也许在地理位置上与亚特兰蒂斯海岸的距离非常近。

我建议,其他关于亚特兰蒂斯的地形和地理位置的细节,留在论述其地理的章节中接着讨论。在这一章,我们不妨考虑一下部分不太重要却非常显著的问题。根据柏拉图的描述,亚特兰蒂斯岛的气候似乎与加那利群岛的气候非常相似,但两种环境结合起来看的话,就具备了很明显的非洲气候特征:柏拉图在故事中描述过这样的场景,成群的大象在沼泽地上游荡,沼泽地里"生长了一种硬皮水果,果肉可以食用,汁液可以解渴,还可以为人们提供油膏",符合这些条件的水果,似乎只能是椰子。关于这种说法,赞成和反对的意见都有很多。考古学家通常认为,在那个时代,南欧存在大象的说法一直"没有得到证实",却没有充分的理由怀疑,在稍晚一点儿的时期,大象会出现在一个气候更适合它们生存的环境(比如,非洲这样的环境)。

亚特兰蒂斯的政治和宗教也会在后文中分别详细讨论,因此在这一章就不再赘述了。但还是可以顺便提一下,柏拉图的结论与我们所知道的西班牙和法国南部早期"中石器时代"文明是一致的。根据柏拉图的描述,这些地区对公牛的崇拜以及一些祭祀仪式,很可能是在暗示一些中石器时代的野蛮仪式,比如,类似斗牛这样的活动也从"古典"时代流传了下来。即使在英国,直到18世纪初,斗牛也一直具有半宗教意义,而且无疑会与异教徒后裔的一种仪式联系在一起。这种活动在欧洲其他地方流传下来。

柏拉图对亚特兰蒂斯的叙述中断得很突然,篇幅非常短,当然这也可能是因为他的死亡而没有完成更多的部分。毫无疑问,柏拉图对于亚特兰蒂斯的描述是想表达他心目中完美的人类文明,但这并不意味着他因此而虚构了这个国家。在他的描述中,亚特兰蒂斯的建筑细节既有希腊色彩又有波斯风格,但我们不能因此而像人们经常说的那样,认为只要提到了波斯元素就是柏拉图想要将亚特兰蒂斯作为波斯战争的寓言。事实上,很多细节比如亚特兰蒂斯的岛屿和海洋特性,都能证明这种理论相当站不住脚。从整体上来看,柏拉图的论述本身就是对这种假设的最佳驳斥。

狄奥多罗斯的著作提出了一系列新的问题。他的观点使我们立即联想到希腊神话中的赫斯帕里得斯与亚特兰蒂斯可能有非常大的关联。在书中,狄奥多罗斯似乎将亚特兰蒂斯放到了非洲西海岸,认为它无论如何肯定"与海洋接壤",并不是一个与世隔绝的独立地区。事实上,综合考虑地理位置,亚马孙人居住的西方之国似乎与柏拉图的描述更加接近,除了据说那里没有玉米以外。西方之国处于火山喷发口,很容易发生地震,而且到处都是果树和成群的绵羊及山羊,就像现在的麻雀一样多。我们能从亚马孙人在洞穴壁画中的历史故事里看出,他们和大约 10000 年前入侵欧洲的中石器时代人非常相似,这些壁画直到今天仍然存在。这个民族是伊比利亚人的祖先,他们是弓的第一批发明者,他们柔弱的外表以及把头发盘在头顶上的方式,都可能被他们的敌人认为是非常女性化的行为。狄奥多罗斯所提到的亚特兰蒂斯的历史只能通过与希腊神话的细节相比较来理解。根据狄奥多罗斯的声明,一大片大西洋区域的陆地被海水吞没,

这很有价值,因为这说明了在柏拉图时代近 400 年后,人们仍然普遍相信大西洋地区的土地曾经陷落过。我们也不该忽略相对早期的作家波塞多尼奥斯的观点,那就是柏拉图的理论不应该被当成小说来看,因为我们知道地球已经在发生变化了,他的理论得到了斯特拉博的支持。斯特拉博表明,早在基督教时代晚期,支持亚特兰蒂斯存在说的地质学观点就已经开始形成了。事实上,正如菲利普·史密斯在他的著作中提出的观点:"那些人认为这(亚特兰蒂斯的故事)是纯粹的小说,将它视为来自荷马或者赫西俄德口中的传说,而不是真正的历史起源,传说中死去的英雄们都来自大西洋彼岸的最西边,那是大自然分配给人类居住地球边界之外的地方。亚特兰蒂斯岛神话般的繁荣和幸福在某种程度上是与他们的诗歌表现相联系的,这是非常有可能的,就像在非洲海岸外发现的岛屿一样,它们被称为最幸福的岛屿。但是,传说中的重要部分仍然下落不明,比如,亚特兰蒂斯的神话,它究竟起源于埃及祭司还是东方的其他地区,还有在柏拉图的描述中最重要的部分,那就是亚特兰蒂斯人与旧世界人民的冲突。"

这位敏锐的作家在这些评论中探究了这个论点的本质。他说,实际上,如果亚特兰蒂斯的存在是一个神话,或者在某种程度上与希腊的宗教或虚构历史有关,那么提出这个理论的主角都不能只提出怀疑,而必须提出证据来论证亚特兰蒂斯的确起源于神话。我们必须强调,无论如何,所有的历史都是有事实基础的。人类在半文明或者中世纪时期都不会刻意制造出这样一种观念,即西方幸运群岛是神对逝去英雄的奖赏。成千上万的神话故事可以证明,这些想法实际上来源于人们对于西部地区的记忆,而早期的移民正是从那里开始的。有一个现象是与这一观点相印证的,那就是前文提到的中石器时代人。他们在下葬死者时,更喜欢将死者的面部朝向西方,这大概就是因为那个方向的某些地区有他们所认为的神迹。在作者看来，众神与泰坦之战的神话故事，为史密斯主张的亚特兰蒂斯传说来源于神话提供了证据。

如果将柏拉图的故事中提到的时间按照顺序排出年代表，我们可以看出，将中石器时代人入侵欧洲的所有情况都考虑在内，那么这段历史绝不可能是真实发生的。关于柏拉图的年代描述错误这一观点最早出现在布塔凡德先生所著的《真正的亚特兰蒂斯历史》一书中，他在书中说，"这个日期一定是错误的，因为在柏拉图所说的那段时期，希腊是不存在的，埃及文明也是不存在的，那么萨伊斯祭司的话就非常不可理解了。"正如古代作家所说，数字方面，尤其是在年代方面的数字，经常出现错误，而我们通常可以通过一些计算指令的分析纠正这两方面的错误。在某一固定时期，地中海和许多其他地方的人，在使用十进制系统之前，都是以八进制为单位计算的。那些广为传播古籍的作者们，通常忽略了在著作中将八进制转换为十进制……数字 9 是不可能出现的，因为它不存在于八进制系统中。

据我所知，这种说法没有任何事实根据。八进制很可能在早期的欧洲使用过，就像十进制在古代美洲使用过一样，但我看不出它对柏拉图的年代排序有任何可能的影响。布塔凡德先生的说法似乎更有道理，他说尼多斯的尤得塞斯在埃及学过天文学，完全有资格查证萨伊斯祭司的记载。他说克里提亚斯所指出的时间不是 9000 年，而是 9000 个月。这就是说，亚特兰蒂斯的建立日期可能比我们的时代早 1400 年，或者说大约是在埃及的 19 代王朝。但柏拉图对埃及的年代学体系的记述显然是基于此，在计算性质上肯定是十进制的，而用月份代替年份来估计亚特兰蒂斯的年代学绝不是一种创新。

第四章

亚特兰蒂斯的地理

在这一章,我们必须考虑与亚特兰蒂斯遗址和地形有关的地理问题。这些地理问题与其他实际存在的问题密切相连。我们所探索的不是希腊或罗马、埃及或亚述,而是一个被淹没的大陆,某些群体极力否认它的存在。首先,在我们着手掌握的文献资料中得出关于亚特兰蒂斯的地理位置和地貌特征的结论之前,先研究所掌握的可以证明亚特兰蒂斯确实存在过的地质证据。的确,在能够合理地将亚特兰蒂斯视为真正的历史之前,这一点必须得到令人满意的证明。

能够证明亚特兰蒂斯曾真实存在的证据是非常多的,在这里我们只能进行总结。这部分证据在我以前的作品《有关亚特兰蒂斯的问题》和《美国的亚特兰蒂斯》中,可以找到对它的完整描述。在此首先承认,对于亚特兰蒂斯地质有影响的时期应该是第四纪,它包括更新世或者叫冰河时代,而实际上,第四纪的开始可能可以追溯到大约50万年前。第四纪又分为4个冰河期和1个后冰河期。只有在这个大约开始于25000年前的后冰河期,人们才能在欧洲发现接近现代人

44

的人类形态。那么，如果我们假设亚特兰蒂斯居住着公认跟现代人相似的人类，我们就必须做出判断，亚特兰蒂斯存在的时期仅限于欧洲历史的最后 25000 年。那么，现代地质学是否有证据可以支持亚特兰蒂斯存在于这一时期呢？

越来越多的地质学家真诚地相信，第四纪期间存在着亚特兰蒂斯这样一片巨大的陆地，法国地质学主任皮埃尔·泰尔米耶也是其中一员❶。随着逐步收集到关于大西洋区域的地质学和生物学方面的证据，证实亚特兰蒂斯真实存在的理论有了全新的进展。这种证据并不依赖于幻想家的模糊推测，也不依赖于那种把传统和语言学扭曲成证词的教条主义，而是基于最理性、最可信的考虑。亚特兰蒂斯大陆曾经出现在欧洲和美洲之间的墨西哥湾，这是一个科学真理，现在已经被持有各种不同意见的地质学家所接受，目前仍然存在辩论空间的问题，就是这片大陆繁荣兴盛的精确时间究竟是在哪一个地质时期呢？

泰尔米耶说："大西洋海床是地球表面最不稳定的部分。"那是东部一片巨大的火山带，在欧洲和非洲的洼地，海火山和岛火山非常多。那里的岛屿大部分都是由熔岩形成的，类似于美国或者西部地区的地貌。权威机构向我们保证，大西洋海床最东端的地带仍在移动，其宽度约为 3000 公里，包括冰岛、亚速尔群岛、加那利群岛、马德拉群岛和佛得角群岛。

泰尔米耶认为，以前存在着一个北大西洋大陆，包括俄罗斯、斯堪的纳维亚、不列颠、格陵兰和加拿大，后来又加上南部地带，由中欧和西欧的大部分和美国的部分组成。泰尔米说："还包括南大西洋或

---

❶　参见皮埃尔·泰尔米勒在 1915 年史密森学会年度报告的译文。

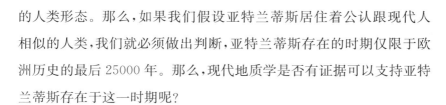

第四章　亚特兰蒂斯的地理

非洲——巴西大陆,向北延伸到阿特拉斯的南部边界,向东延伸到波斯湾和莫桑比克海峡,向西延伸到安第斯山脉的东部边界,以及哥伦比亚和委内瑞拉的塞拉斯。在两个大陆之间形成了一片地中海低洼,经过多年的海水冲刷形成了一条环绕地球的海沟,我们今天在地中海、加勒比海以及巽他海峡或者说弗洛雷斯海都能看到类似的痕迹。绵延的山脉比阿尔卑斯山脉更加广阔,也许在某些地方甚至和雄伟的喜马拉雅山一样高,这些地方依附着北大西洋大陆的海岸线,包括孚日、法国中部高原、布列塔尼、英格兰南部和爱尔兰,还有纽芬兰、新斯科舍省以及美国的阿巴拉契亚地区"。

泰尔米耶认为,这个大陆的时代是在第三纪末期或者说第四纪之前结束的,也就是在亚速尔群岛作为最后遗迹的火山大陆崩溃之前很久,它的南面被一连串的山脉所包围,之后被淹没了。数千年来,南大西洋似乎也一直被一座大陆占据着,而这块大陆现在也沉没了。这些潜移默化的地壳运动可能发生在几个或多或少相隔较远的时期。在第三纪的欧洲大陆,当时地壳运动正在发展,之后就形成了阿尔卑斯山脉。这片山脉一直延伸到了大西洋地区多远的地方呢?这些山脉是否海拔足够高,可以支撑它一直保持在海平面上方几个世纪呢? 对于这些问题,泰尔米耶的回答是肯定的。

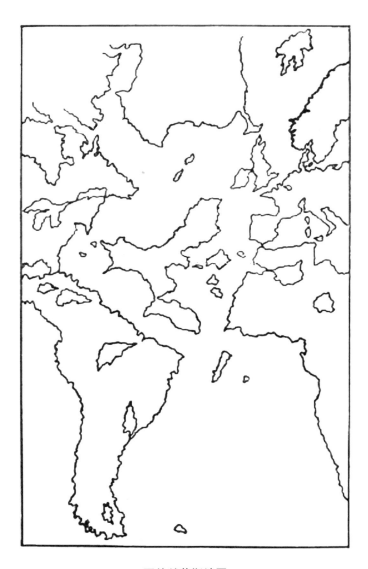

亚特兰蒂斯地图

　　泰尔米耶认为在整个地球发展史的后期,大西洋地区的地质发
生了奇特的变化。在更新纪时期,那里出现了很多洼地,到了第三纪
时期,大陆都沉没了,随后那里出现了一种新的现象,方向不再只有

东方和西方,而是出现了北方和南方。他认为,在第四纪时代,靠近非洲海岸的地方肯定发生了一些重要的地壳运动,就像其他真正的海洋地区也无疑发生着变化。"从地质学方面来讲,"他说,"柏拉图关于亚特兰蒂斯的观点极有可能是正确的……"我们完全有理由相信,在直布罗陀海峡对外开放之后的很长一段时间,海峡中的小岛有一些至今仍然存在,而这其中就包含了一座奇妙的小岛,它被其他较小的岛屿与非洲大陆隔离开了。现在就只有一件事需要证明了,那就是导致这座小岛被淹没的巨大洪水是在西欧出现人类之后发生的。这场灾难毫无疑问一定是存在的。那么,当时的人类是如何经受住这场灾难并且将祖先的记忆传承下去呢?这就是本质性的问题。我相信这个问题是可以解决的,虽然暂时从地质学还是动物学都无法解决它。这两门学科似乎已经用尽了所有角度去做出解释,现在我们只能期待人种学或者最终的海洋学来给我们最终的答案。

舒克特教授对于这种说法持批判态度(在 1917 年的《地理评论》,第 3 卷,第 65 页)。"亚速尔群岛是真正的火山海岛,几乎可以肯定的是,它们与大西洋两岸的大陆从未有过连接。如果从柏拉图那令人兴奋地描述中可知是真的,那么我们就必须从非洲西海岸寻找亚特兰蒂斯。在非洲西海岸,我们从佛得角的 5 个岛屿和加那利群岛中的 3 个岛屿中发现了一些岩石,这些岩石无疑与大陆上常见的岩石相似。再综合考虑这些岛屿上生活的植物和动物,其中许多种与第三纪晚期的欧洲—地中海生物种类关系密切。这些证据都清楚地表明,佛得角和加那利群岛曾经是非洲大陆的一部分……有什么证据可以证明西非大陆究竟是像柏拉图所说的那样突然分崩离析,还是在 10000 年前就已经发生了呢?关于这一点地质学家暂时还没有给出答案。

在亚特兰蒂斯文学研究方面,都柏林的沙尔夫教授也许提供了更有价值的研究数据。他得出的结论是,马德拉群岛和亚速尔群岛是在第三纪中新世或者第三纪更晚时期才与葡萄牙相连的,那时人类已经在欧洲出现了,当时的欧洲边界从摩洛哥到加那利群岛,再从加那利群岛到南美洲,是一片广阔的土地,向南一直延伸到圣赫勒拿岛。他坚信,这块大陆在中新世之前就开始下沉。但是他也认为,在亚速尔群岛和马德拉群岛与欧洲大陆分离之前,大陆的北部部分是一直存在的。"我坚信,"他说,"在早更新世(冰河时代),它们(亚速尔群岛和马德拉群岛)仍然与欧洲大陆和非洲大陆相连,那时人类已经出现在西欧,并且能够通过陆路到达这些岛屿"(摘自1902年爱尔兰皇家学院,关于亚特兰蒂斯问题的一些评论,第24卷)。

爱德华·赫尔教授是支持亚特兰蒂斯理论的现代地质学家之一。他的研究表明,亚速尔群岛曾经是一片沉没大陆上的山峰,那片大陆在更新世时期非常繁荣。赫尔教授说:"研究两个半球的动物和植物群体,我们可以得到这样一种地质理论,那就是大西洋曾经有一个共同的中心,那里曾是生命的起源之地,而且在冰河时代以及之前的时期,南北半球之间曾经有一座巨大的陆地桥梁横跨大西洋。我是通过仔细研究海军地图上记录的水深标注得出这一推论的。"他补充说。赫尔博士还认为,在这片大西洋上的大陆还存在的时候,有一片巨大的安德列斯大陆或者山脊将加勒比海和墨西哥湾与所谓的墨西哥湾流隔离开来(摘自《北大西洋的次大洋地貌》)。

这些理论似乎印证了现代地质学家的论点,那就是大西洋的海床一直在发生变化,而且正如威廉·道森爵士曾经说过的那样,自冰河时代末期,它确实可能上升和下降了许多次。

通过这些证据,我们可以得出这样的结论:在大西洋中曾经存在

着一块大陆的假设绝不仅仅是一种猜测。多位杰出的地质学家赌上自己的名誉，以确定无疑的方式证明了大西洋大陆存在的真实性，这一定会使那些拒绝相信甚至没有耐心考察亚特兰蒂斯存在的可能性的人暂时停下来想一想，是否应该重新考量。但目前最重要的一点是，这些现代专家找到的证据几乎都倾向于曾经有这样一片大陆，一群人在大西洋海域存在，而且如果我们把所有证据的来源和性质都考虑进去，似乎不难相信，这个大陆存在的时期可能并不早于柏拉图在公元前 9600 年写的《克里提亚斯篇》中提到的那个时期，这个古老的大陆至今仍然有部分存在，但是处在解体的过程中。面积较大的岛屿或许是非洲大陆架的残余部分，至今仍然在地中海入口处的对面，而那个较小的岛屿将它同欧洲、非洲也许还有我们自己的海岸连接起来。

巴布科克先生在书里提道："忠实的亚特兰蒂斯存在论拥护者堆砌了很多证据，想证明确实曾经有一块大陆在大西洋上，存在了一段时间，这个逻辑大体来讲是说得过去的，但是有一点不足，那就是在我们公认的亚特兰蒂斯存在的时期之前，大陆是可能上升或者下沉的。证明它存在于中新世、上新世、更新世或者在人类文明有良好发展之前的任何时期，又或者如柏拉图所推理的 11000 年到 12000 年前，是没有用的。我们需要找到的是亚特兰蒂斯岛的证据，而不是一些现存大陆向海洋延伸的证据，也不是任何横跨海洋大陆桥的证据。诚然，这些条件会造成岛屿的分裂，岛与岛中间的土地被淹没，这些可能是亚特兰蒂斯岛形成的基础，但是这只能证明当时灾难的发生，如果没有办法证明这座岛本身存在，那么这些证据就没有真正意义。史前的地质和地理现象是无关紧要的。我们需要研究的故事是，在不太久远的几千年前，这个仿造的人类社会以一种孤立无援的方式

大规模发展，这显然摆脱了被其他部落吞并的传统，因此也就不再惧怕，而是派出了征服其他种族的军队，直到最后以失败和毁灭的灾难告终。"

读者注意到，我并没有"试图堆砌证据证明大西洋海域有一段时间曾经出现过一块大陆"，而是遵循现存比较清晰的证据，虽然我已经将大部分的地质证据，局限在柏拉图神话中描述的亚特兰蒂斯，可能存在的那个时期。至于巴布科克先生的观点中，所提到的在亚特兰蒂斯，发现了"大规模的人类社会"这一点，我从未读过这样的概念，但是在我以前的作品中曾经表达过，我相信亚特兰蒂斯这样的社会一定会鼓吹一种相对原始的性格特点。就像巴布科克先生所认为的那样，亚特兰蒂斯理论的主角不完全依赖于柏拉图所提供的证据。

英国海军各部门在大西洋的探测结果显示，在爱尔兰海岸附近有一大片高地，穿过 53°纬线，向南延伸，囊括了亚速尔群岛，直达法属圭亚那附近以及亚马孙河和帕拉河的河口。这个大山脊的高度大约在大西洋海床上方 2743 米。在 19 世纪，"九头蛇号""豪猪号"和"挑战者号"的多次探险所得到的探测结果，为大西洋地区曾经存在陆地的假设提供了有力支持。

关于北大西洋海底浅滩与这个假设之间的关系，巴布科克先生在书中写道："所有这些水下的山顶陆地或隐蔽的高地都明显地离海洋表面更近，而不是离海洋的真正深处更近，因此，它们不可避免地让人怀疑，在人类的知识和记忆中，它们曾出现在海洋表面之上。"众所周知，世界各地的海岸都是在地层的正常非间歇性作用下起落的，有时在同一个方向上升或下降，这个趋势似乎已经持续了好几个世纪。如果我们假设葛底斯堡海岸在一个世纪里一直以 0.6 米的速度不断下降，那么在赛伊斯祭司所描述的那个时期，它就是一座相当大

的水上岛屿。显然，拉布拉多半岛和纽芬兰自上次大冰原衰退和分散以来的上升更为明显。这里缺乏在时间和环境方面进行精确比较的要素。尽管如此，根据采集的数据可知它们在一个区域内上升了150米，在另一个区域内上升了近183米，还是非常令人印象深刻的。可见，那时的地球在稳定的表面下依旧是有一些活动的。我们还要注意，葛底斯堡及其附属海岸突然加速下降，在这样一个地震频发的地区，在任何一个时间段都是可能发生的。综上所述，在人类文明发展到一定程度的时候，这些海岸中的一些是可以见到的，甚至是适宜居住的，这并非不可能，但它们的影响不会太大。

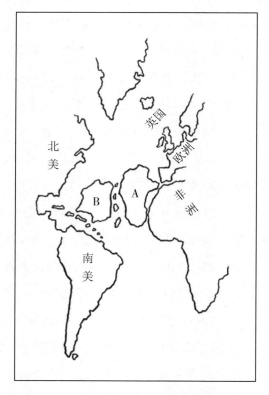

亚特兰蒂斯(A)和安提利亚(B)可能呈现的相对位置图

我们从其他来源得到的证据比仅仅从地质学上得到的证据更有价值。生物学研究提供的证据甚至更为显著。沙尔夫教授在他的论文中已经明确指出，大西洋岛屿上较大的哺乳动物不是外来的。他还说，他努力追溯"这些物种在这些岛屿上起源的历史，更确切地说，其中一些物种是通过正常的方式，也就是通过欧洲的陆路连接到达岛上的"。

1439 年，亚速尔群岛的发现者观察到大鹰或秃鹰存在，因此这些岛屿被命名为亚速尔群岛或鹰岛。鹰或者秃鹫通常以老鼠和小兔子为食，这意味着岛上有这类哺乳动物的存在。早在 1345 年，一位西班牙修士出版了一本书，书中提到了亚速尔群岛，并给出了几个岛屿的名称。在 1385 年威尼斯出版的地图集上，一些岛屿的名字被提到，如卡普里亚岛或者山羊岛，即现在的圣米格尔岛；哥伦比亚岛或者鸽子岛，现在叫皮克岛；兔子岛，即现在的弗洛勒斯岛；还有科尔维莫里尼岛，也就是海上乌鸦岛，现在叫科尔武岛。这些命名法是岛屿在被"官方"发现之前给出的，这似乎证明了有一种假设是正确的，那就是野生的山羊和兔子等哺乳动物在岛上大量繁衍，并且在一个更遥远的时代通过欧洲大陆的连接来到了这里。

欧洲在一个更遥远的时代通过陆路连接。沙尔夫教授说，某些动物学家在划分地球海洋区域时，将大西洋的中部划分为单独的一片明显区域，并称其为"中大西洋"。两种哺乳动物被认为有明显的这一地区的特征：僧海豹和海牛。这两种动物通常都不会出没于开阔的海洋。它们中的一些种类栖息在地中海、西印度群岛以及西非和东南美洲的海岸和河口。在许多动物学家看来，这些海洋动物的分布范围似乎暗示着，它们的祖先是沿着某条海岸线分布的，而这条海岸线在不久之后就把旧大陆和新大陆连接起来了。

53

　　穴居两栖动物科的一大科完全局限于美洲、非洲和地中海地区。在这些蜥蜴中，一种北非蜥蜴和一种智利蜥蜴是属于同一科的。我们在沃拉斯顿先生关于大西洋岛屿软体动物的著作（《大西洋中的有壳动物》，伦敦，1878）中注意这样一个事实，相对于其他地方，地中海的自然环境更可能起源于加那利群岛的。他认为，大西洋诸岛的形成或多或少是曾经连续不断的陆地分裂而来，它们曾经沿着山脊和大片土地相互交织，而现在却消失在了海洋下面。

　　西姆罗斯教授在研究西班牙、葡萄牙、北非和加那利群岛上对比蛞蝓之间的相似性时得出结论，这4个国家之间可能存在着广泛的陆地连接，而且这种连接肯定一直持续到近代。曾嘲笑亚特兰蒂斯理论的科贝尔特博士后来也改变了观点。他指出，对比了欧洲、西印度和中美洲的动物，大西洋两岸的贝壳无疑暗示着古老的旧世界和新世界之间是存在着联系的，这两个世界是在第三纪后期末才破裂开的。冯·伊赫林博士强调了这样一个事实，即现在没有任何一位病理学家能够解释这些大陆软体动物在大西洋岛屿上的存在，除非解释为它们在陆地上的进化，除此之外其他任何方式都说不通。

　　在加那利群岛上发现的蝴蝶和飞蛾，60%拥有地中海血统，而这些飞蛾或者蝴蝶中的约20%都是在美洲发现的。一些甲壳类动物为亚特兰蒂斯假说的正确性提供了证据。鸭嘴兽属在西欧和北非有3种，一种在加那利群岛，一种在委内瑞拉。另一种甲壳类动物，沙尔夫说："这种甲壳类动物为以前非洲和南美洲之间的陆地连接提供了决定性的证据支持，这一坚实的理论基础不再需要其他任何证据来进行佐证。"这里所指的种群是淡水十足类动物，大西洋两岸的物种都表现出了最显著的亲缘关系。

　　实验表明，某些蜗牛不能长期浸泡在海水中。然而，我们在欧

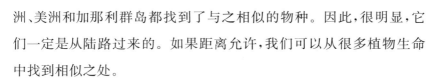

洲、美洲和加那利群岛都找到了与之相似的物种。因此，很明显，它们一定是从陆路过来的。如果距离允许，我们可以从很多植物生命中找到相似之处。

与此同时，也有一些生物学家坚决反对在新世界和旧世界之间存在陆地桥梁的观点，他们认为旧世界的生物是通过贝林海峡到达美洲的。然而，在笔者看来，这个观点是比亚特兰蒂斯更难令人相信的假设。根据这些证据，我们在过去的一项研究中得出如下结论。

这片大陆曾经占据了北大西洋区域的全部或大部分地区，及其南部流域的相当一部分。通过分析它早期的地质成因，可以看出，随着时光的流逝，它的轮廓和土地质量都发生了变化，这很可能是因为经历了频繁的沉没和浮现。

在中新世第三纪晚期，它仍然保留着大陆的特征，但在这一时期的末期，由于连续的火山和其他原因，它开始解体。

这些解体将大陆分裂成了大小不一的岛群。其中两个岛，面积比其他的都大得多，一个（A）位于离地中海入口相对近的地方，一个（B）在今天的西印度群岛区域。它们分别被称为亚特兰蒂斯和安提利亚。两座海岛的居民通过它们之间的零星小岛进行交流是极有可能的。

两座海岛之间以及海岛与大陆之间通过岛群的连接，一直持续到更新世时代晚期。在那个时期（大约25000年前，或后冰河期的开始）亚特兰蒂斯似乎经历了进一步的解体。最终的灾难似乎是在公元前10000年左右降临亚特兰蒂斯。另一方面，安提利亚似乎一直幸存到了离我们很近的时代，而且至今仍然零星地存在于安提利亚群岛或西印度群岛。

如果我们可以接受将这些数据作为一种有力的证据，证明亚特

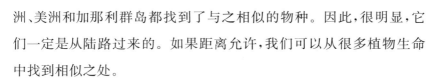

兰蒂斯在过去 12000 年的某个时期是真实存在的,那么我们现在就可以开始考虑探寻它的确切位置了。

关于亚特兰蒂斯遗址最流行的理论之一,是将它与马尾藻海的地理位置重合。尽管马尾藻海是地球表面最容易到达的地区之一,但其最永久和显著的特征之一,就是它的实际性质似乎比珠穆朗玛峰或奥比沙漠的情况更不确定。这个传说应该是关于大西洋的一大片陆地的,这是一片漂浮的杂草大陆,它离美国海岸的距离与比斯开湾离我们海岸的距离更近,当然这主要是由于当时的人们对于海洋学普遍处于无知状态。

近几年来,一直流传着很多传说,其中最离奇的就是古代和现代的航海船队都会被困在马尾藻海上广阔的海藻群中,无论是泰尔的三列桨座战船还是不定期航行的货船都无法逃脱这样的命运。当然,这些都是几个世纪以来流传的航海灾难所导致。事实上,船只避开马尾藻的原因不止一个。但是,可以肯定的是,现代远洋客轮不可能被它繁茂的植被所困,因为它并没有试图穿越这些植被。但是,正如我们所看到的,有充分的证据表明,在更久远的时代,如果马尾藻没有被清除掉,那么船只航行就会遇到很大的困难。

马尾藻海占地至少 777 万平方公里,包括从经度 30°到安的列斯群岛,以及从纬度 4°~20°的广大海域。事实上,这里所说的马尾藻海是狭义范围,特指海水中杂草含量至少达到了 5%。但广义的马尾藻海域,不仅以海藻的出现为标志,还包含了缺少气流的区域和深海中水温相对较高的部分,它的面积至少有 1399 万平方公里,面积大概比欧洲大陆的一半少一点儿。

马尾藻海域杂草这种独特的海洋延伸特点属于褐藻,它被命名为马尾藻海草,更通俗的说法是海湾杂草。人们靠浆果状的囊状物

来识别这种海藻,而且认为它们是从北美海岸被海浪卷走,中途不断夹带其他杂质,随着洋流,环绕马尾藻海直到在大西洋的大漩涡中聚集而形成的。人们认为,较老的海藻会逐渐失去漂浮能力,最终沉入水中死亡。死亡后的海藻,逐渐被生活在蜿蜒的石灰质管道中的白色珊瑚虫和蠕虫所覆盖。小鱼、螃蟹、虾和软体动物就栖息在这样的环境中,虽然它们都不是天然的海洋生物,却都表现出了显著的适应海洋生活的能力。

在纽约动物学会毕比博士指导下的大角星探险队,目前正在调查这片杂草丛生的神秘海洋。一段时间以前,他向纽约报社发送了一条消息,称在马尾藻海的海床上发现了玻璃、火山岩和海绵沉积物。这次毕比博士考察的主要目的,是确定组成马尾藻的杂草究竟是来自陆地还是自行繁殖,同时也观察和拍摄了栖息在其中各种奇怪的生命体。

可以肯定的是,马尾藻海是无数海洋生物的栖息地,鱼类、甲壳纲动物、软体动物,从大到小都有。它也是许多鸟类的栖息地。一些科学家认为,随着该海域上层生物的死亡后沉入海底,这片海域必然是一个可以供各个层次深海生物生存的精彩世界。目前,人们正在利用拖网、挖泥船、鱼钩、捕集器和其他设备,来探测这里最低的水位,并且收集活的和死亡物种的标本。因为深海中的鱼一旦浮出水面就会爆炸,因此它们会被放到气压设备中打捞上来,然后存放在特殊的水族箱中养殖。

目前,科学界对马尾藻问题的态度可以用海军上尉的话来概括。美国海军上尉索莱在《北大西洋的循环》一书中提到,墨西哥湾暖流的东南方分支流向亚速尔群岛,在那里受到来自北方的上升寒冷气流的影响而转向,流入大西洋盆地的中心,并在那里消失于马尾藻海

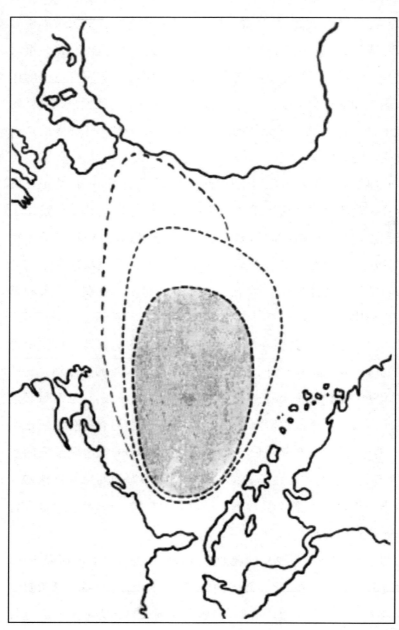

马尾藻海地图（阴影部分表示海藻最浓密的地方）

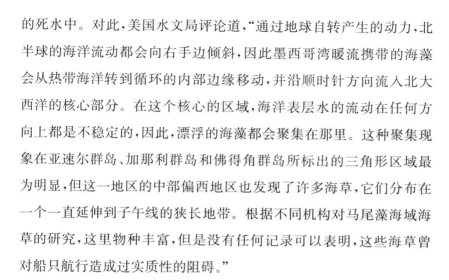

的死水中。对此,美国水文局评论道,"通过地球自转产生的动力,北半球的海洋流动都会向右手边倾斜,因此墨西哥湾暖流携带的海藻会从热带海洋转到循环的内部边缘移动,并沿顺时针方向流入北大西洋的核心部分。在这个核心的区域,海洋表层水的流动在任何方向上都是不稳定的,因此,漂浮的海藻都会聚集在那里。这种聚集现象在亚速尔群岛、加那利群岛和佛得角群岛所标出的三角形区域最为明显,但这一地区的中部偏西地区也发现了许多海草,它们分布在一个一直延伸到子午线的狭长地带。根据不同机构对马尾藻海域海草的研究,这里物种丰富,但是没有任何记录可以表明,这些海草曾对船只航行造成过实质性的阻碍。"

很明显,这一说法受到当时技术条件的限制。尽管马尾藻海域中,这种巨大的绳装物几乎不能阻止,装有强力螺旋桨的现代轮船的前进,但它们还是很可能阻止古代和中世纪航海家的航行的,毕竟那时的船在风平浪静的时候也不得不依靠大桨来行进。此外,小帆船可以在普通风力的推动下自由航行的说法,也是不可信的。正如我们所看到的,大量证据表明,在古代,大西洋是不能航行的,而且马尾藻海以前占据的面积要大得多。如果说墨西哥湾的海草不会妨碍航行,那么古代地理学家的警告和抱怨就很难解释了。在当今这个时代,海运通道和航道被狭窄地布置成供轮船通行,船长们知道了最好可以避开哪些海域,这时人们就不会太期待正式的海域航行障碍报告了。马尾藻海长久以来的坏名声肯定是有一定根据的。

我们还记得柏拉图曾在《克里提亚斯篇》中谈到亚特兰蒂斯大陆在巨浪中被淹没,他说:"这些地区的海域已经无法通行。因为在这个海岛中,遍地都是沙子,导致船不能通过那里。""很明显,"巴布科克先生在他的《大西洋诸岛传奇》一书中说,"除非柏拉图根据当时那

片海域公认的航行困难的名声做出了推测，不然他是不会这样写的。"

莫里在1850年前后写的一篇文章中这样描述："马尾藻海被厚厚的海草覆盖，船只通过马尾藻海的速度通常都会减慢。在肉眼可见的距离，它几乎坚实得可以供人行走。墨西哥湾暖流的边缘总是漂浮着一片片海藻。如果我们找一个木盆，在里面加水，之后放入软木塞、糠或其他漂浮物，之后再让水做圆周运动，这时你就会发现所有的轻物质都会集中在水流运动最少的地方，也就是木盆中央。现在，大西洋就是木盆，墨西哥暖流是进行圆周运动的水，马尾藻海就是圆周运动的漩涡中心。哥伦布在探索中第一次发现了这片杂草丛生的海域。直到今天，马尾藻海还在那里上下移动，改变着它的位置，就像癌症的镇静药一样，随着季节、风暴和大风的变化而变化。关于它的界限及其范围的确切观察，可以追溯到50年前，这使我们确信，自那时起，它的平均海平面就没有太大改变。"

一个古老的传说将马尾藻海和沉没的亚特兰蒂斯大陆联系在了一起，许多作家声称他们相信在这个地区，可以找到柏拉图沉没岛屿的旧址。不管怎样，马尾藻似乎已经存在了几千年。与马尾藻海藻同属一个物种的海藻，还在加利福尼亚西部的太平洋上被人们发现过，那里曾经是一片陆地。显而易见，那片曾经在水面之上的土地，现在却淹没在马尾藻海之下。

19世纪下半叶，"九头蛇号""豪猪号""挑战者号"和"海豚号"通过几次探险对大西洋进行了勘察，绘制出大量海岸的地图，这也与马尾藻海域有部分关系。这片海岸始于爱尔兰海岸南部的一个点，被53°纬线穿过，向亚速尔群岛方向延伸，一直延伸到非洲海岸。这个地方的平均海拔大约是大西洋海床以上2743米。其他巨大海岸几乎从冰岛一直延伸到南美洲海岸，在那里与安提利亚岛的沉没之地毗连。

马尾藻正是在那些沉没高原的交汇处,也就是在经度的4～6级、纬度的2～4级之间是最厚的。同时,也有充分的证据可以表明,藻类会自我繁殖,不会像海洋学家之前认为的那样从北美海岸或墨西哥湾流漂移。最终的结论,可能会通过大角星探险队的报告来得出。关于海洋世界中最奇特的现象之一,以及探寻更深层次奥秘方面,这些报告一定对于我们有所启发。

我们必须承认,马尾藻正处于这些沉没高原的交汇处,而且它的面积与沉没的亚特兰蒂斯岛相吻合,这些都是二者存在关联的可靠证据。如果能有更多的证据证明马尾藻海域的海藻,在某种程度上,与沉没大陆有关,那当然还是非常有必要的。马尾藻海域与亚特兰蒂斯历史地点之间区域的重合,帮助证明了这种假设,而且古代典故中关于马尾藻的聚集,以及在古代会占据更广阔的面积,似乎也从侧面提供了佐证。

当然,我们要考察的亚特兰蒂斯遗址,主要是指有人类在那里生存的那段时间。事实上,正如我们所知,所有的地质学家一致认为,在中新世时期或第三纪晚期,亚特兰蒂斯仍然保持着作为整片大陆的特性,占据着整个或者大部分北大西洋区域,但是也有很多人认为它在那个时期已经消失了。当然还有其他的意见,认为在那个时期快要结束的时候,由于火山喷发和地震的关系,那块大陆开始解体,我们认为,正是这种分裂导致了亚特兰蒂斯和安提利亚岛的形成。在此,后者暂时不列入考虑范围。那么,在亚特兰蒂斯岛早期居民克罗马农人离开故土前往欧洲的时候,亚特兰蒂斯岛的地理位置究竟在哪里呢?

柏拉图说,这个岛要么位于赫拉克勒斯之柱前,要么位于直布罗陀海峡。这座岛比利比亚(地中海非洲地区的希腊名称)和亚洲(柏

拉图时代的小亚细亚）加起来还要大。因此,它的面积大约为686万平方公里,只比澳大利亚小90万平方公里。正如柏拉图所说,它真的位于西班牙——非洲交界处的沿海地区（事实上那时候这里被称为加迪尔奇),那么这块大陆向西至少延伸到了经度45°线的位置,从北到南几乎从维度45°一直延伸到维度22°。这个区域不仅包含亚速尔群岛和加那利群岛,也包括马尾藻海的大部分。如果我们把加那利群岛看作亚特兰蒂斯大陆的东南边界,它不可能在不接触非洲海岸的情况下,处于更偏东南的位置。把亚速尔群岛作为它的北部边界,向西经45°方向延伸。那么,在我们研究的期间,它的面积就与柏拉图所描述的岛屿面积相当,并且与那些显著特征的表明,它曾经存在的自然特征相吻合。由此推断,似乎亚特兰蒂斯岛的最初位置,也可能与马尾藻海的整个区域相吻合。

亚特兰蒂斯在非洲海岸的推测地点图

当然,正如我所说的,我们所研究的是亚特兰蒂斯的"最后阶段",即从公元前 23000 年到大约公元前 9600 年。根据柏拉图的理论,就是在这个时期内,亚特兰蒂斯沉没了。自然,在那个时期它可能经历了一些收缩,正如它以前经历过的那样。柏拉图肯定掌握了一些非常明确的资料,使他能够非常清晰地根据大西洋盆地、海底生物和海洋生物做出这样的判断。在我看来,无论是斯科特·埃利奥特先生那本有趣的《亚特兰蒂斯的故事》,还是盖特福赛先生的《南大西洋真理》一书,都没有充分考虑这些特点,也没有参考柏拉图的描述,进而结合他们自己的知识构建一张完美的地图。亚特兰蒂斯的最后阶段,正如斯科特·埃利奥特先生绘制的地图所示,是一个远离

根据斯科特·埃利奥特绘制的亚特兰蒂斯位置地图

拉美非洲海岸的世界,但是,考虑到非洲"大陆架"存在的前提以及柏拉图的说法,埃利奥特先生推测的位置可能并不准确,这个理由同样适用于第三纪关于亚特兰蒂斯位置的推测。柏拉图说,如果亚特兰蒂斯大陆的位置在"海峡口的前面",并且在沉没后被留下的流沙阻碍了海峡出入口的航行通道,那么就如亚里士多德和西拉克斯所断言的那样,从逻辑上来说,这些碎片岛屿一定非常接近直布罗陀海峡。

博瑞·圣文森特推测的地图,不仅参考了柏拉图的理论,而且参考了狄奥多罗斯的描述。综合来说,他的结论似乎更加符合这些作者给出的事实,但是我认为它的确显示了亚特兰蒂斯岛的位置应该在更北边,直面直布罗陀海峡,更多的部分是在"阿特拉斯山下",正如狄奥多罗斯所说的那样。此外,地图还显示了亚特兰蒂斯岛的位置距离西班牙的"加迪里奇"地区不近。

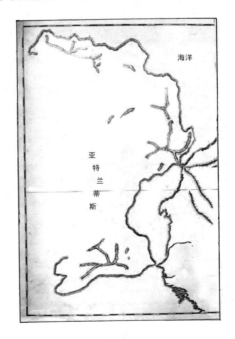

博瑞·圣文森特的亚特兰蒂斯地图

关于亚特兰蒂斯遗址的最新理论是布塔凡德在他 1925 年出版的《亚特兰蒂斯的真实历史》一书中提出的。他相信亚特兰蒂斯位于直布罗陀海峡内,它确实是现在突尼斯和的黎波里古代海岸的一部分。他认为柏拉图所暗指的与亚特兰蒂斯相对的"海"就是第勒尼安海,并对柏拉图的年代学提出了质疑。他用显著又独特的水力学和海洋学知识作为理论依据,同时他标记出了几个现在位于的黎波里沉没的海岸附近的几座岛屿。普罗克洛斯曾经在对《提迈奥斯篇》的评论中,提到过这些岛屿,它们是与亚特兰蒂斯毗邻的。他举例证明了地中海的这一部分航道特别难以航行,并且认为,这一定就是萨伊斯祭司所提到的那个地方。之后,他又进一步引用了文献证据来佐证,并且成功地把以色列人横渡红海的故事写进了他的文章,尽管他的文章有趣而巧妙,然而,这对于研究亚特兰蒂斯岛的具体位置仍然没有任何帮助。

那么,大西洋是在什么情况下被命名为阿特拉斯的呢?它被这样命名不正是因为亚特兰蒂斯岛曾经在历史上占据了大西洋很大一片区域吗?亚特兰蒂斯其实是阿特拉斯的所有形式,意思是"阿特拉斯的",而"大西洋"只是它的形容词。在字典中最常见的是把大西洋描述为"与阿特拉斯有关的地方"。斯基特称它为"以阿特拉斯山脉命名来自天然的亚特兰蒂斯海域"。阿特拉斯这个名字的意思是"支撑或承载者",这个词语来自梵语的"承载"一词。万物总有变数,有一件很离奇的事,那就是爱琴海最大的岛屿埃维厄岛的历史,似乎与亚特兰蒂斯非常相似。斯特拉波在书中写道:"在埃维厄岛附近的亚特兰大地区的中间位置,地表被撕开了一条裂缝,形成了可以供船只通过的运河,有些平原地区甚至被海水覆盖了大概 6 米的高度,一艘三列桨座战船从码头上被吊了起来,抛到了城墙上。"西西里的狄奥

多罗斯说,亚特兰大曾经是一个半岛,是在一次地震中与大陆分离的。这两位作者很明显都提到了发生在公元 426 年或者说柏拉图出生前一年的那场地震。因此,柏拉图一定知道这件事。巧合的是临近的埃维厄岛,据传说,也是因为一场地震与奥维蒂亚分离的。"大西洋这个名字,"史密斯博士在他的经典著作中写道,"是从阿特拉斯在大西洋岸边铸造的神话中得来的。"这意味着它是以神或者太阳神阿特拉斯的名字来命名的。但是它最初被这样命名是发生在什么时候呢?荷马称其为"海洋"。柏拉图自己称其为"大西洋",好像这是一个他非常熟悉的名字一样。

我们可以得出结论,亚特兰蒂斯大陆在沉没时的位置,大约是从靠近地中海入口处一直延伸到经度 45°,从北向南,几乎从纬度 45°一直延伸到纬度 22°。

第五章

亚特兰蒂斯的种族

如果我们相信亚特兰蒂斯大陆是真实存在的，而不是一个神话或者虚构出来的地方，并且像柏拉图的故事中所提到的那样，将它视为是真实发生过的古老民间的记忆，那么我们就有必要做出两方面的证明：一方面要用地质学的事实来证明它曾经存在过；另一方面还要证明生活在那里的居民都已经达到了相当先进的文明。鉴于整体情况的复杂性，以及在没有实际文献记录的前提下，这是一项相当困难而繁杂的任务。但我仍然希望能够证明，柏拉图的描述与现代考古学和民族学的发现可以证明是精准吻合的，那么完全否认亚特兰蒂斯的存在就是一件相当危险的事情了。

柏拉图告诉我们，大约在基督诞生的 9640 年前，一群入侵者从大西洋出发，肆无忌惮地向整个欧洲和亚洲进军。那么，在那个时期是否真的发生过这样的入侵呢？人类学历史上是否记录了这种迁徙或民间运动呢？

德国两位著名的地质学家彭克（Penck）和布吕克纳发现，在大冰川期的 4 次主要冰期之后，找到了一系列气候变化较小的证据，逐渐

形成了现代的气候条件。它们被称为"视距",并且根据它们所创造的地形条件将其命名为布尔(Buhl)、格斯尼奇(Gsnitch)和多恩(Dorn)。彭克认为多恩大概形成于公元前7000年,布尔在公元前20000年,格斯尼奇大约介于两者之间,也就是公元前10000年前后。这个时期后来被公认为,中石器时代塔德努瓦人到达西班牙和法国南部的日子。法国和西班牙史前历史上最伟大的权威人物之一,布鲁伊神甫相信,这个种族的人民大约在10000年前来自"地中海沿岸"。

中石器时代人的名字来源于一个洞穴或者隧道,叫作勒马斯阿齐尔,爱德华·皮埃特曾经在阿列日省的比利牛斯山脉发现了他们的遗迹。他在流经勒马斯阿齐尔隧道的阿里塞河两岸的第9个地层中发现了一些痕迹,经过研究这些遗骸的特点、总结这些碎片的特性得出了以下结论:他所发现这个地区的人类,一定是素食主义者或者果食主义者。皮埃特还发现了一种岩石,或者橡树果实、山楂、榛子、栗子、樱桃、李子和核桃。他还发现了一些大麦种子,这表明,当时的人曾经种植过这种谷物。

鱼叉是中石器时代文化的一个特征,这似乎表明它们的使用者是一个有航海习惯的民族。这些武器是用鹿角制成的,形状扁平。在阿齐尔岛发现了1000多支这样的鱼叉。除了鱼叉之外,还发现了许多贝壳项链,这种贝壳后来在地中海和大西洋的法国边境海岸上也被找到过,这似乎也表明了这个民族的海事实力。

中石器时代文化所展示的是大量的鹅卵石,这些鹅卵石上有一些红色的标记,这些标记是用过氧化铁和一些树脂混合而成的。这些标志包括垂直的笔画、圆圈、十字、之字形和梯形图案。一些字符与字母E相似,而另一些字符似乎由随机的线组成。

这些鹅卵石的发现者提出的第一个假设是,这些标记是按照字母顺序排列的。有人认为,那里曾是旧石器时代公众聚集场合的废墟。其他权威人士则认为这些鹅卵石是在一种技巧游戏中,使用的石子。它们似乎与澳大利亚土著人的圣物有相似之处,是刻有崇拜物或者图腾符号的神圣石雕。然而,澳大利亚的圣物总是保存在洞穴中,而中石器时代的鹅卵石似乎是普遍使用的物品。然而,著名的西班牙考古学家阿贝·步日耶和奥伯迈尔通过一项比较研究表明,鹅卵石上的人物形象与西班牙某些洞穴墙壁上的人物形象,非常相似。事实上,它们是高度人为约定的人物形象,经过长期的使用,它们已经完全失去了与人体形状的相似性,就像我们现代字母表中的字母,根本不像它们最初形成的形式一样。根据麦卡利斯特教授的说法,它们很可能是死者的代表,或灵魂之屋,是族群中已故成员灵魂的居所,与对死者的崇拜有关。

在西班牙,特别是在北部的卡斯泰洛城和瓦里(Vaui),在法国的朗德省、上比利牛斯省都和阿列日省都发现了中石器时代文化。这个种族文化渗透到了英国,在约克郡和达勒姆郡以及苏格兰著名的奥班洞穴(Oban cave),都发现了它的遗迹。1894 年,人们在这里发现了典型的中石器时代鱼叉和其他手工艺品。在奥龙赛岛,也从一个贝壳堆中挖掘出了扁平的中石器时代鱼叉。在这个地区,中石器时代人有一定的航海技能,这一点可以从深海螃蟹的贝壳模型中看出。

中石器时代文化的另一个特点是这些物体,通常被描述为"塔德努瓦文化"燧石,它们的名字来源于法国埃纳省的费尔昂塔德努瓦。燧石的小碎片,通常不到 2.5 厘米长,类似于箭头。它们中的大多数是在海边附近发现的,可能是用来做鱼钩的。这些并不一定是中石器时代文化的产物,尽管它们经常与这种文化联系在一起,因"塔德

努瓦"这个名称通常单独应用于它们。这种文化实际上与现在通常称为"卡普萨文化"的文明更加相近（通常被认为属于北非，所以在突尼斯被称为卡普萨），这种文化在欧洲的中世纪时代人出现之前就已经在该地区蓬勃发展。"塔德努瓦文化与卡普萨文化"，麦卡利斯特说，"毫无疑问，与阿尔费拉、科古尔和其他地方的西班牙壁画有关"。由此可见，这是将卡普萨文化与中石器时代文化，联系在一起的两个强有力的纽带。卡普萨艺术是阿齐尔绘画鹅卵石的起源，而卡普萨燧石文化是中石器时代"塔德努瓦文化"的起源。他认为，弓也是由卡普萨人引入欧洲的。

中石器时代人和他们的祖先卡普萨人从何而来？考古学家奥斯本教授说："就像塔德努瓦燧石文化一样，中石器时代的骨叉工业也主要是渔民所从事的。"阿贝·步日耶（AbbleBreuil，1877－1961）认为中石器时代人起源于地中海，并且认为中石器时代文化在那里逐步渗透，慢慢地与当地古老的文明融合在一起。最早的中石器时代文化出现在北非和西南欧洲。

现在我们所面临的问题是，中石器时代究竟是在这些地区发展起来的还是由外部引进而来的呢？中石器时代人无疑是新石器时代人的先祖，是新石器时代的人，给欧洲带来了全新的生活方式，全新的艺术形式，全新的宗教信仰。他们入侵欧洲的时期，从广义上讲，可以与柏拉图给出的日期相匹配。他们一定是涌入欧洲，赶走了古老的奥瑞纳人或者说克罗马农人，摧毁了他们相对高等的文明。

那么，所谓的"早期居民"是谁呢？是否可以通过他们文明的特点或者艺术形式又或者任何一种其他方式，使我们将他们与柏拉图所说的埃及祭司口中的"雅典人"区分开来呢？事实上确实可以。奥斯本教授说这些人是旧石器时代的希腊人，从一开始，他们就具有艺术观察和表现，以及真正的比例感和美感。石头和骨头工业可能体现了时代的变迁和入侵带来的影响以及带来的贸易发展和引进的新发明，但他们的艺术从一开始就呈现出不断的演变和发展，唯一的动机就是对形式之美的欣赏和现实对形式之美的再现。另一方面，他说装饰艺术现在已经成为一种激情（与奥瑞纳人一起），雕刻工具种类繁多，形状各异，有曲线的、有直线的、有凸的、有凹的，在尺寸和技术风格上都各不相同。我们可以想象，长期的严寒和恶劣的天气也是装饰艺术兴盛的原因……在格里马尔迪石窟和威伦多夫的雕像，用象牙和肥皂石雕刻人像和雕像需要非常锋利的雕刻工具。在劳塞尔洞窟，用更有力的工具雕刻大型石制浮雕也需要工具。随着这种工业进化的扩大，我们看到的不是单一民族的局部演变，而是众多殖民地或多或少地相互影响和合作，并传播他们的发明和发现。

这个有天赋的种族——克罗马农人，其艺术通常被称为"旧石器时代晚期"，人们在法国的奥瑞纳克石窟中发现了他们的遗迹，但最初的迹象是由拉尔泰先生在莱塞济河畔的一个小村庄克罗马农附近发现的。

对于中石器时代祖先遗迹的发现，立刻引起了科学界的浓厚兴趣，因为在检测出土的骨骼标本时，科学家们发现骨骼的高度非常高，脑容量非常大，以至于科学家们不得不得出这样的结论：在某个时期，肯定有一种比现代人高得多的人类曾经居住在欧洲。克罗马农人的平均身高是 1.83 米，他们的手臂相对较短，还有一个明显的种族进化标志，就是脑容量非常大。这个种族大约在 25000 年前的冰河期末期到达欧洲，他们在人烟稀少的地区发现了一群低等且未开化的人种，他们几乎消灭了他们，这个族群就是我们所说的尼安德特人。

克罗马农墓群在旧石器时代考古学中呈现出新的面貌。它们由

燧石、卵石、穿孔的贝壳、牙齿、项链和符咒组成。巨大的披风或者贝壳做的颈甲，几乎覆盖了尸体的全部。每一个迹象都表明，人类真诚地相信死后会有未来的状态，并且将他们的财产与自己一起埋葬在墓穴中以供使用。此外，克罗马农人的一些埋葬习俗，明确地显示了他们对于保存尸体这一制度，最初是有粗暴倾向的，这种制度后来发展成木乃伊化。从克罗马努人的骸骨上取下的肉，被涂成了红色，他们认为红色是生命的颜色。"死人将在自己的身体里复活，骨头就是他的骨架，"麦卡利斯特说，"给它涂上生命的颜色是旧石器时代人们所知道的，最接近木乃伊化的东西。这是为了让尸体能够再次供主人使用。"

这些杰出人物的艺术和工业，主要集中在比斯开海岸、比利牛斯地区和多尔多涅省。他们的成就比任何其他旧石器时代文明都要先进得多，这一点在他们以前居住的上述地区的洞穴中仍可观察到。他们的艺术作品主要由美妙的图画、绘画和动物、马、鹿、熊、野牛和猛犸象的雕塑组成，偶尔也有可能是偶像或神的人体雕像。这种旧石器时代前期的文化艺术在 15000 年的时间里，或者说在公元前 25000 年到公元前 10000 年之间繁荣兴盛地发展，直到卡普萨文化和中石器时代文化流传进来并取代了它的地位。它将最伟大的时期称之为马格达林时期文化。任何一本讲述旧石器时代前期的文化艺术的书，比如麦卡利斯特的《欧洲考古学教科书》，或者奥斯本笔下《石器时代的人》，都可以在第一时间让读者相信它巨大的优越性和"现代化"特征，从而确信，产生这种文化的种族一定不能仅仅被归类为土著人。至少在流畅性和原创性方面，旧石器时代前期的文化艺术确实比埃及或巴比伦的艺术要好得多，要达到如此卓越的水准，那么它一定还在其他地方经历了数千年的发展，才有了这样的成就，而不

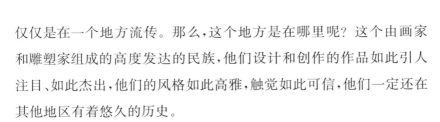

仅仅是在一个地方流传。那么,这个地方是在哪里呢? 这个由画家和雕塑家组成的高度发达的民族,他们设计和创作的作品如此引人注目、如此杰出,他们的风格如此高雅,触觉如此可信,他们一定还在其他地区有着悠久的历史。

也许,没有一个考古学家能够像步日耶那样,对旧石器时代的问题发表如此权威的意见。他认为,文化的连续入侵不是来自地中海地区,就是来自比斯开湾的法国和西班牙,对此他称之为"大西洋"的考古学家奥斯本教授说,"考古证据有力地支持了这种文化入侵的假说,而且在某种程度上,通过对人类类型的研究,它似乎得到了加强。"步日耶说:"旧石器时代前期的文化起源于东方的可能性基本上可以被排除,因为在中欧和东欧还从来没有发现过它存在的迹象。"奥斯本说,"文化似乎更有可能起源于南方,因为奥里格纳西人的殖民地似乎环绕着地中海的整个外围,分布在北非、西西里岛以及意大利和伊比利亚半岛,从那里他们扩展到了法国南部的大部分地区。"在突尼斯,我们发现了一种非常原始的旧石器时代前期的文化,比如,多尔多涅省的工具就和法国的某种工具非常相似。甚至在遥远的东方,在叙利亚的安泰利亚洞穴,以及在腓尼基的某些地点,也发现了典型的旧石器时代前期的文化痕迹;但是,"旧石器时代前期的文化还是在多尔多涅河和比利牛斯山脉地区发现的"。

"克罗马农人",麦卡利斯特说,"无论他们在哪里,无论他们如何起源,在他们入侵我们大陆之前,就已经在欧洲以外的地方形成了自己独特的文化特点。"

奥里尼雅克期的马头雕像

　　我们可以看到,在克罗马农人到达欧洲西南部的时候,欧洲和大西洋地区都在发生大规模的下沉。重要的是,在西班牙和法国发现的这些旧石器时代前期的文化,位于比斯开地区,而不是在半岛的南部海岸。同样值得注意的是,正如我在其他地方所指出的,加那利群岛关切人的文化无疑是旧石器时代前期的文化。这种关系得到了奥斯本、雷内·韦尔诺和已故阿伯克龙比勋爵的支持,并证明克罗马农人是加那利群岛亚特兰蒂斯遗迹的原住民,并不是从欧洲漂流到那里的。就像这些残存岛屿上的许多动植物一样,克罗马农人也被某种巨大的自然灾难所隔绝和放逐。在他们生活的那个时代,人们甚

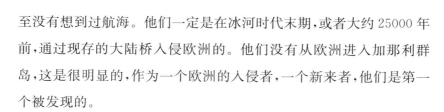

至没有想到过航海。他们一定是在冰河时代末期,或者大约25000年前,通过现存的大陆桥入侵欧洲的。他们没有从欧洲进入加那利群岛,这是很明显的,作为一个欧洲的入侵者,一个新来者,他们是第一个被发现的。

另有其他证据表明,克罗马农人是从欧洲以外的地方起源的。里普利提在他的欧洲种族研究中出了一个理论,即西班牙北部的巴斯克人和法国南部的巴斯克人说的语言,都是从克罗马农人那里继承来的。这个假设很值得思考,奥斯本说,因为巴斯克人的祖先征服了克罗马农人并随后掌握了他们的语言,这并非不可能发生。巴斯克语和其他欧洲语言之间关联性不强,是众所周知的,但它与一些美国语言有很强的相似性。这是无可争辩的事实,法雷尔博士在《语言的家庭》第132页中说:"特别值得注意的是,虽然巴斯克人祖先的亲缘关系从来没有得到最终的结论,但毫无疑问,这种孤立的语言,在两个强大王国之间的欧洲西部角落保留着它的特性,在语法结构上类似于另一个广袤大陆上的土著语言。"梅尔斯教授在《剑桥古代史》第48页中说:欧洲奥里格纳西人的头骨与巴西的拉拉古纳和南美边缘其他地区的史前人类头骨的相似性表明,这种类型头骨的分布范围,曾经几乎与古老的不同类型墓葬群的分布范围,一样广泛。因此,巴斯克语可能是亚特兰蒂斯语言仅存的遗迹。

克罗马农人是一个渔民种族,和亚特兰蒂斯人一样,他们对公牛有着特殊的崇敬,他们经常在洞穴的墙壁上描绘公牛。

那么,这些史前的种族,克罗马农人、卡普萨人、阿兹利安人,是从哪里来的呢?如果我们仔细研究考古地图,就会发现克罗马农人的驻地数量更多。中石器时代人的情况也一样,驻扎在比斯开湾地区和多尔多涅省。这门艺术的充分发展,背后显然经历过许多世纪

的演变,最终突然出现在一个之前对此完全没有痕迹的地方。官方权威机构数据显示:大西洋考古证据或环地中海考古证据,显然不是来自东方。麦卡利斯特教授认为,它起源于中非,对此我并不认同。目前,在中非还没有发现关于这种文化的任何迹象,这足以使整个假设正如麦卡利斯特教授承认的那样,这实际上只是他的一个暂时性假设,不被官方所接受。

我相信克罗马农人是当时大规模移民潮中的第一批,在亚特兰蒂斯大陆局部经历了一场又一场大灾难以及剧烈的火山喷发时期,这些移民潮席卷了欧洲。疾病连续不断的暴发迫使人们无法在原本的栖息地生存,迫于无奈,他们只能跨越亚特兰蒂斯和欧洲之间的大陆桥,进入法国、西班牙和北非。同样的现象,也发生在中石器时代的人民身上。奥斯本在谈到奥瑞纳文化时说,这似乎是西欧历史上的技术入侵,并不是文化发展主线的固有组成部分。步日耶观察得出:"高级的奥瑞格文化的基本元素,似乎是通过某种未知的途径引入的,这部分元素构成了整个文明的核心。""唯一可能的解释是,"麦卡利斯特教授说,"旧石器时代晚期的文明是由外来人口引入欧洲大陆的"。

后来中石器时代的人出现在了欧洲的同一个地区。他们可能是从海上来的,而不是大陆桥,因为在他们来的时候,大陆桥可能已经消失了。我们可以看出他们是深海捕鱼者,这一点从奥班洞穴的发现可以证明。奥斯本说,他们的驻地通常位于海洋入口或河道上,并称他们是一群渔民。那么,他们一定已经发明了制作精良、安全可靠的海船。但是,缓慢沉没的亚特兰蒂斯和欧洲之间紧密相连的海岛链,很有可能帮助了他们的航行。

鉴于我已经在《有关亚特兰蒂斯的问题》一书中,给出的其他关于亚特兰蒂斯起源的证据，在此就不再赘述了。在《美洲的亚特兰蒂斯》一书中，我也尽力证明了克罗马农人曾大量涌入美洲。在接下来的章节中，我将尽力描绘出这些种族，在最初的亚特兰蒂斯岛上生活的画面。

第五章　亚特兰蒂斯的种族

第六章

亚特兰蒂斯的石器时代

　　了解亚特兰蒂斯早期生活最可靠的方式,就是通过研究那些在石器时代的不同时期、从亚特兰蒂斯来到欧洲的种族。在上一章中,我们从欧洲方面对他们进行了研究,现在我们必须尝试重塑他们自身在亚特兰蒂斯方面的一些情况。

　　我们发现,正如麦卡利斯特教授所说,旧石器时代晚期的人从未知中突然出现,进入法国和西班牙,拥有相对较高的石器文化和先进的艺术。因此,我们有必要认为这个种族曾经在亚特兰蒂斯大陆上居住了很多个世纪。尽管在种族起源这个问题上,与许多其他与之相关的问题一样,我们无法得出肯定的结论,因为我们无法像在其他地方进行考古考察一样,在大西洋海底进行考古活动。对于旧石器时代晚期的种族兴起和发展,我们不能做任何假设。因此,我们只能把他们在亚特兰蒂斯的情形与他们移民到欧洲的情形进行比较。

　　如果我们要这样做,那么就必须将26000年前那个遥远时代的亚特兰蒂斯,想象成一个既不太稠密也不太稀疏的广阔岛屿。如果假定它的面积略小于澳大利亚的国土面积,也就是说,假设它的面积为

686万平方公里,那么我们就可以根据现存的数据合理预测它的人口。数据证明,一个靠打猎为生的族群,每100平方公里只能养活一个家庭。由于种种原因,当时的家庭平均人数很难达到6人,因此,在旧石器时代晚期,亚特兰蒂斯大约有35万人口。但这个估算没有考虑到一个事实,那就是奥瑞纳人在本质上已经是一个达到了相当高的社会生活水平的民族。他们的文明以群居生活为前提,不是小规模的以狩猎为生的小部落群体,而是大规模的村落群体。他们有自己的窑洞、贸易、统治者和社会等级划分。

奥斯本说:"毫无疑问,当今社会所具有的那种性格、天资和素质的多样性,正是在那时形成的。他们倾向于将社会职业划分为酋长、祭司、医生、抓捕大型猎物的猎人和渔夫、燧石设计者、兽皮制作者、服装和鞋子的制作者、饰品制作者、雕刻师,木头、骨头、象牙和石头的雕塑师以及画家。在他们的艺术作品中,充斥着令人信服的真理的感觉,我们不能否认他们对于美有着足够的鉴赏力。"(《石器时代的人》,第358页)这样的民族不可能居住在狭小的森林或者山区部落中,他们必然会组成相当大的群体。对于艺术之美的热爱如此明显,那么他们的生活也一定是相对稳固的。

还有一点非常明显,那就是跟其他地方一样,人们的宗教信仰会有助于人们产生联想。对于亚特兰蒂斯人来说,最神圣的地方就是社会生活的核心。事实上,寺庙的确就是当时社会的中心。海因里希·温克尔博士在谈到位于摩拉维亚旧石器时代晚期的洞穴时,将其描述为"驯鹿人曾经居住过的洞穴,其前厅曾是祭奠死者的场所,酋长在那里举行了隆重的活人祭祀",这种描述,让我们能感受到这些古老的洞穴所能激发出自然流露的感情。后来,马雷特博士在关于尼奥克斯洞穴的论文中毫不犹豫地将这些洞穴称为"圣殿",并且

坚信那就是圣殿。在这些巨大而复杂的山洞最深处,有精美的绘画;在蒂多杜贝尔最偏远的角落里,有两座野牛的雕像,它们的出现无疑让人联想到动物之神的"意象之屋"。

关于早期亚特兰蒂斯人的服饰和装饰品,我们可以从他们的后代在欧洲的坟墓中,发现的一些物品,来加以证明。当然,没有任何痕迹能证明,他们当时是穿着兽皮的。但是,正如我们所知,他们饲养牛羊,狩猎驯鹿、狼和狐狸,毫无疑问,他们将这些动物的皮毛作为布料。事实上,通过用显微镜对死者周围环境的检查,我们的确发现了动物毛发的痕迹,这表明当时的人们的确将兽皮作为衣服。至于饰品方面,我们倒是找到了更多的信息。当时的饰品包括铁甲、小海贝围成的围裙、小海贝做成的发带或头饰、钻过孔的鹿牙项链、鱼骨,以及形状像蛋的骨头或驯鹿角的装饰品。在巴西的格兰德岛,人们发现了一具男孩的尸骨,他戴着精心制作的鱼骨头冠,脖子上戴着用鹿牙分隔开的纳萨贝壳项圈。这些"胸甲"、王冠和项圈在奥里格纳西人的坟墓中被频繁发现,由此我们可以推断,这就是这个种族的人所佩戴的典型饰品。

奥里格纳西人的工具在形状上是与众不同的,与迁移来早期欧洲人的工具用途有所区别,我们有必要认为这些早期的亚特兰蒂斯殖民者实际上一直使用着自己发明的武器和工具。其中最特殊的有几种:一种是燧石刀,它的其中一条边被削掉了,另一边被留了下来,使它保持笔直和锋利;一种是用于处理兽皮的刮刀;一种雕刻用具,刀刃和刀把成直角,可以将骨头、角、象牙等材料加工成器具;有时候还使用一种工具,即在刀刃末端或者顶端呈鸟喙状,那应该是原始的凿子,旧石器时代晚期的雕刻家正是用这种凿子使雕刻作品更加精细的。比较重要的一点是,旧石器时代晚期人之前的种族都是使用

石头或者木头作为工具的,而他们却使用骨头。他们的确在骨头的使用方面非常杰出,因此,我们有理由相信亚特兰蒂斯可能存在大量的猛犸象牙。柏拉图说,象牙是波塞冬神殿的主要材料之一,他还说,大象曾在这片大陆上繁衍生息。

亚特兰蒂斯人也会使用小的刻刀,这一点通过当时精良的雕工可以得到很好的证明。在欧洲考古学中,我们第一次遇到了有针孔的骨针。当然,这是用来缝制兽皮的。一个可以结合使用刻刀和针的种族,无疑在通往文明的道路上飞速前进着。

在梭鲁特文化后期,研究者们假设第二批移民来自正在逐渐瓦解的亚特兰蒂斯,他们的某些表现与奥瑞纳文化有所不同,但可以肯定的是他们一定起源于同一地区。梭鲁特文化最早出现在 16000 年前的西班牙和法国,它的发展程度明显高于奥瑞纳文化,所以我们有必要承认在这期间的几千年中,亚特兰蒂斯文明有了长足的进步。燧石制品在那儿被大量制造,因此可以推断,亚特兰蒂斯当时已经发展到了大规模生产手工制品的阶段,这不仅意味着社会巨大的进步,同时也表明亚特兰蒂斯的劳动分工,正处于向行业化发展的过程中。在梭鲁特文化遗迹中,发现了很多巨大的马匹骸骨,这表明当时的人是以马肉为食的,而一个种族通常不会突然性地养成一种他们不熟悉的饮食习惯,因此我们有理由相信,在亚特兰蒂斯岛曾经生存着大量成群结队的在大草原上奔驰的野马。

我们还发现了许多那个时代的葬炉,因此可以假设,当时的死者是埋葬在他们生前居住过的小屋。这意味着人们开始住在石头建造的房子里了,而洞穴则主要是作为宗教场所或者寺庙。最引人注目的创举是,发现了一种比以前使用的燧石工具更高级的器具。这个时期的工具表现出了无与伦比的线条美和雕刻美。它们通常会在工

具上雕刻"柳叶"和"月桂叶"图案,并且由标枪、矛头、刮刀和钻孔机组合而成。由此,在之后的几个世纪,一种新型的石器文明开始在亚特兰蒂斯岛上兴盛起来。骨制品加工在很大程度上没落了。当然这也可能意味着猛犸象的象牙储备已经开始枯竭,人类被迫重新使用燧石制品,并且努力完善燧石技术。我们只能得出上述结论,因为在欧洲,如果不缺乏骨头的话,梭鲁特人还是愿意使用骨头作为原材料制作工具。

"梭鲁特人",麦卡利斯特教授说,"我相信克罗马农人起源于非洲,向西迁移,侵略了奥里格纳西人,之后也许把梭鲁特人赶到了意大利;在梭鲁特人的暴政结束后,他们就一直留在意大利,之后作为马格德林人重新出现"。马格德林人在种族上似乎和奥里格纳西人很相似,但是他们失去了高大的身材和惊人的脑容量,这也许是气候恶化的结果,但是我们似乎因此可以将马格德林文化与奥瑞纳文化联系起来。

随着马格德林时期冰川环境的恢复,我们可以假设亚特兰蒂斯也经历了同样的过程。没有必要假设麦卡利斯特教授笔下的马格德林人,是长期被囚禁在意大利的奥里格纳西人。事实上,麦卡利斯特教授还在其他著作中提到,意大利并没有发现马格德林人的骸骨,而且似乎更加可能存在的情况是,他们代表着又一批亚特兰蒂斯移民,他们的生活习惯已经被岛上越来越严峻的气候条件所改变,就像在欧洲一样。这个时期最不同凡响的武器之一是鱼叉,用驯鹿角或者头骨制成,用来捉海豹或者捕鱼。另一种是指挥棒,将一段驯鹿角打一个或者多个洞。这种东西当然不像他们随意起的名字那样是一根权杖,而是像拉普兰人所用的那种木棍一样,主要用途是被当作马嚼子、轴矫正器和巫术工具,而且经常在上面雕刻动物图案作为装饰。

这是一种神奇的工具，类似于婆罗洲和澳大利亚土著人的"尖棍"，他们把这种木棍放到要诅咒的人或者动物的方向，用西印度语说"给他带来不幸吧"，而在木棍上钻孔仅仅是为了方便将木棍系在巫师的腰带上。如果这个理论足够有说服力，那么我们就必须假设亚特兰蒂斯存在着一种早期形式的魔法。我们还发现了一种标枪螺旋桨，这是人类发明的第一个真正的机器，类似于古代墨西哥人、现在的澳大利亚土著人和因纽特人使用的机器，而且匕首或短剑也被制造出来了。

更重要的一点是，我们有必要把亚特兰蒂斯视为雕塑和绘画的家园。在欧洲，奥里格纳西人的艺术似乎突然之间蓬勃发展，当然，这一定是因为它们曾经在另一个领域有过发展而且经历了几个世纪的升华。因此我们可以假设，在亚特兰蒂斯崛起的艺术学派，其技术要比埃及的艺术学派高超得多，而且在任何一个方面都更自由，甚至更高贵、更现实、更有灵感、更有人性。由此可以断定，在亚特兰蒂斯岛上一定存在着某种伟大的文化中心，在那里发展出了令人惊叹和钦佩的艺术。20000 多年前的亚特兰蒂斯岛，一定是一幅充满了强烈艺术风格的景象，这种风格与人类历史上所表现出来的任何一种风格都是一样的，这就要求在这个岛上存在着一个曾经的伟大文明，也许，奥里格纳西人的艺术只是最后一个没落的阶段。

如果一个民族的所有工具都是用石头或者骨头制成的，而对金属一无所知，这并不意味着这个民族没有文明。几个世纪以来，古埃及人、古巴比伦人、墨西哥人和秘鲁人都没有金属工具，但在他们居住的城市中，文明水平却达到了一个非常高的水平，在各个方面都与几个世纪前的中国或印度文化相当，而这两个国家都是使用金属的。我们假设埃及人和墨西哥人，由于洪水等巨大的自然灾难，被迫放弃

了原本生活的家园,来到非洲或者南美洲开辟殖民地。难道他们的生活环境没有发生显著的退化吗?从历史上看,他们的确抛弃了这两个地方的殖民分支,造成了文明退化的结果。那么,在亚特兰蒂斯对欧洲的殖民过程中,是什么阻碍我们看到,类似的退化过程呢?经历几代人,美国和澳大利亚被欧洲殖民之后,那里居住着原住民,这与他们在原本国家的教养没有任何相似之处。亚特兰蒂斯人成功地将他们的文明带到欧洲土地上之后,也许是强硬政策导致的结果,迫使有文化的人和普通人一起逃离。但是,亚特兰蒂斯文明的整个结构注定会因为部分迁移到欧洲而退化,这是显而易见的。奥里格纳西人的文明最终灭亡了,随后被完全遗忘。被埋葬了10000年后,它的重见天日不过是一场令人高兴的意外而已。

这些假设重新唤起了关于在埃及和巴比伦文明之前是否存在古老文明的争论,这不仅仅关乎他们最原始的祖先,而且关系到他们赖以生存具有优越地位的古老文化。上古时期充满了这种文明的神话和记忆。关于暴发洪水前的人、宏伟的巨石建筑和伟大先驱的传说,关于古老种族成千上万的暗示,不仅仅记载于希伯来圣经中,而是在欧洲、亚洲和美洲的几乎所有文明民族的编年史上都有记载。这些记载普遍指出,人们坚信曾经有一种毋庸置疑古老而又卓越的文化是预先存在的,理所当然地将《圣经》中的故事视为真实历史。巴比伦人写的诗歌《吉尔伽美什》,不仅提到《圣经》中记载了那次巨大的洪水,甚至详加描述。那段时期,被希腊神话学家暗指为黄金时代。印度的书中记载了整个世界关于史前历史的传说。爱尔兰和威尔士的诗歌和传说中,也有很多关于那个时期故事的记载。《波波尔·乌》以及中美洲基切人的传奇编年史,在其书中收集了许多与危地马拉史前巨人有关的故事。几乎所有美洲印第安民族的部落编年史都

提到了这一时期。在大多数情况下,这个古老时期的政权被认为是由于统治者的邪恶而导致的毁灭和灾难,人们总是说它存在于非常遥远的时期,但是通过传说,笔者只能看到这段历史的大致轮廓。

在最古老的神圣民族或者异教徒的记载中,都出现了大量的历史资料。难道这段传说背后真的没有任何现实的东西存在吗?现在公认的规律认为,关于这段描述的一切传说都建立在事实的基础上,这就从根本上否定了上述猜测。在众多学派中,"传播主义"学派可能只认可一个神话从一个部落到另一个部落、从一个国家到另一个国家的传播过程,一定起源于某个特定的核心,比如古巴比伦,因为在古埃及,传播主义学者最喜欢的中心就是那里。据我所知,这段传说在古巴比伦是没有记载的,除非我们承认,梭伦口中祭司所说的话都是真实的。但是请大家注意,希腊人认为诸神和泰坦诸神起源于西方,而美国人则认为他们是从东方来到美洲的。(有关这方面的进一步资料,见《有关亚特兰蒂斯的问题》,第 18 章,《洪水》,第 211 页。)

考古学在某种程度上证实了这些古老的传说。它证明了曾经确存在着一种高度发达的艺术,确切地说,是在旧石器时代晚期的法国和西班牙,那时正处于衰落期,这种艺术既找不到具体的根源,也没有找到演化的痕迹。考古发现这种文明最早的种族遗址几乎完全位于法西半岛的西海岸或附近。这种艺术本身被暗指是对欧洲的技术入侵。很明显,它起源于其他地方,而且经过研究亚洲可以被排除。将这一考古学结果与古老文明的传说联系起来,这些传说认为古老文明在其鼎盛时期部分失传了,并且坚信它是西方文明的起源。显然,奥里格纳西人的遗骸似乎是一种古老文化迁移的痕迹,这种文化在西海岸地区已经取得了一定的成果,并且在迁往欧洲之前,呈现了一种比在新的殖民环境更为崇高的理想。

的确,整个考古学界都在不自觉地努力寻找旧石器时代晚期问题的某种解释。在学术上他们也承认,旧石器时代晚期的种族在生理上远远优于现存的任何一种人类。仅这一点就需要找到答案,旧石器时代晚期艺术所占据的崇高地位也需要得到合理的解释。

但是,亚特兰蒂斯的人和文化状况在奥里格纳西人移民到欧洲之后,一定经历了巨大的变化。大部分亚特兰蒂斯人离开了那里,这一点似乎可以从这个民族的特征中得到证实,在中石器时代,这个民族作为一股新的移民浪潮再次出现在欧洲的土地上,因为中石器时代文明在某些方面的表现明显不如旧石器时代晚期文明。它的艺术形式明显更粗糙,文化遗存普遍更原始。

从中石器时代的人类遗迹来看,在奥里格纳西人和阿兹利安人迁移的这段时间,亚特兰蒂斯一定被入侵或者殖民了,而阿兹利安人遗骸的普遍骨骼特征指向了这样一种推测,那就是这个种族很可能起源于非洲。人们也许会认为,承认阿兹利安人从非洲直接迁移到西班牙和法国较为容易,但非洲和西班牙在中石器时代阶段几乎没有任何相似之处。非洲人和伊比利亚人之间的关系显然是由卡普萨文化联系在一起的,这是一种非洲文明,它似乎继承或者说吸收了阿兹利安人的特点。事实上,在非洲几乎没有发现那个时期纯正的阿兹利安文化。还有一种可能,即这种文化起源于非洲的偏远地区,后期通过曾经连接非洲大陆架和亚特兰蒂斯的大陆桥进入亚特兰蒂斯。不管怎样,北非特色文化还是侵染了阿兹利安文化中的传统文化和其他艺术。伊比利亚种族的祖先都印有北非的烙印,虽然那里几乎找不到他们的遗迹,因为他们和卡普萨人一点儿也不一样,但这并不妨碍他们曾经一度占有过这个国家。我们可以推测亚特兰蒂斯在 16000 到 11000 年前的某个时期,由于遭到一个像北非的柏柏尔人

一样强大的种族入侵，他们就是伊比利亚人。伊比利亚人身材高挑，五官端正，黑头发或棕发，灰色或蓝色眼睛，使用弓箭，与加那利群岛的关契斯人极为相似，而关契斯人在某种程度上来说也确实是他们的后裔。这些人，由于某种原因被迫越过连接亚特兰蒂斯和非洲大陆的大陆桥，成群结队地来到各个海岛，征服岛上的居民奥里格纳西人。几个世纪以来他们一直住在那里，直到最后一场大灾难迫使他们返回欧洲和他们最初崇敬的非洲土地，我们记得，狄奥多罗斯明确指出，他们在那里有广泛的定居点。

　　这一理论不仅解释了中石器时代亚特兰蒂斯移民特征的显著变化，而且暗示亚特兰蒂斯自身也进行了彻底的种族重建。柏拉图也曾经暗指，亚特兰蒂斯是神族和人族的混血，是神族的原始血统与普通人族血脉的结合。那么那些"凡人"是谁，是谁使神族的血脉力量枯竭了呢？只能是阿兹利安人，他们与奥里格纳西人或"类神"的血统混杂在一起，至今仍然可以在加那利群岛——亚特兰蒂斯最后的遗迹中找到。许多作家谈到加那利群岛土著居民——柏柏尔人或伊比利亚人的关系，都会以上述遗迹为依据。在这一理论中，塞吉是最主要的倡导者。他把伊比利亚人称为地中海民族，他说伊比利亚人不仅遍布地中海地区，还分布到了英国、爱尔兰、法国和其他地方。（见《有关亚特兰蒂斯的问题》，第 76 页，对于这个命题的扩展证明。）

　　那么，亚特兰蒂斯岛上的阿兹利安人或原始伊比利亚人的时代，必然与柏拉图所说的道德和文化退化的阶段是相同的，他所说的亚特兰蒂斯入侵者与阿兹利安人或原始伊比利亚人是同一批人。这些人，像奥里格纳西人一样，是穴居人，或者更确切地说，是用巨大而隐蔽的洞穴作为寺庙。这似乎表明，亚特兰蒂斯岛的入侵者阿兹利安人已经皈依了这个国家的古老宗教。通过这些迹象，我们可以判断，

就如此久远的民族宗教习俗而言，人的宗教观念和阿兹利安人的宗教观念之间似乎没有什么差别，不过，后者所奉行的是另一种信仰，让人联想到魔法。然而，对公牛的崇拜得到了延续，这种仪式可能与柏拉图所描述的类似。

这样，我们有理由得出结论，经历了灾难的亚特兰蒂斯，即使在文化上没有退化，在思想上也会有些退化的。我们说是最后的灾难，但是我们绝对没有任何证据能够让我们准确地说出亚特兰蒂斯最终沉没的时间。事实上，它从来没有完全被淹没过，因为加那利群岛和亚速尔群岛——它的最高山峰——仍然在水面之上，作为它曾经存在的见证。我们知道，大不列颠和欧洲大陆之间的陆地连接被最终摧毁，英吉利海峡向森林遗址扩展，所以这些森林最近才沉入海底。那么，我们是否可以有充分的理由认为亚特兰蒂斯存在的时间其实没有柏拉图设想的那么长呢？关于这个问题我们以后再谈。但是现阶段可以这样说，这个理论会使柏拉图对于亚特兰蒂斯是一个伟大而繁荣的文明社会这样的描述更加容易被接受。如果我们想要通过从亚特兰蒂斯移民到欧洲的种族来判断它当时的状况，那么我们必须首先对其文化进行评估，要么将其视为一种更高层次的人类社会状态（奥瑞纳文化）的残片，要么根据我们对中石器时代文化的了解，将其视为一种典型的旧石器时代或上古石器时代文化。

对于我来说，我不可能相信，也不可能从这个角度出发，考古学家的结论并没有打动我，他们也不是传统的学生，旧石器时代晚期艺术的表现并没有多少世纪的文化渊源。在我看来，将这些原始的心态看作自然结果是相当荒谬的一件事。今天，没有哪个土著人能把一门技艺如此精湛的艺术付诸实践，事实上，欧洲现代艺术最近的发展似乎更接近于土著人，而不是奥瑞纳文化和马格德林文化的那种精致作品。真正的艺术精神怎能不为《埃斯普图古》中的马头喝彩，怎能不为《奥都贝特》夜间壁画上的黏土野牛喝彩，怎能不为阿尔塔米拉冲击公牛的画面喝彩？将这些鲜活的作品在动作方面与木制的、静止的埃及绘画或者粗糙的早期意大利大师的作品对比，你将看到一种充满生命的艺术，它显然是从一种与现实主义相协调的思想出发，这种现实主义同时又意识到灵感的价值，它以理想主义的精神抓住并描绘了现实。土著人让我们谨慎用词，描述这些古代雕刻家和制陶工人，恐怕子孙后代将会以更公正的审美价值，给予他们一种我们自己无法获得的崇高地位。

如果这门古老的艺术地位，就像所有开明的美学学生所承认的那么高，那么我们亚特兰蒂斯曾孕育过许多奇妙的文明，而柏拉图，显然是这段珍贵传说的代言人，为它发声。迄今为止，对于古代历史究竟了解多少，可以使我们对于一段根深蒂固、在各种珍贵的史册中都曾多次重复声明的古老记录采取否定态度，在那个超乎我们想象的时期，曾经出现过一种高阶文明，这个星球上的所有文化都起源于此，它闪耀着，闪烁着，像一颗破碎的太阳，把它破碎的光投到我们星球黑暗的地方。如果我们找不到这种文明曾经存在的证据，那一定是因为它的遗迹正在大西洋下沉睡。但是我可以自信地说，尽管没有找到最初的起源，仅从它最后在欧洲、非洲和美洲突然出现的碎片以及经过充分验证的历史就可以推断，这个文明确实存在。

第七章

亚特兰蒂斯之王

从西西里人狄奥多罗斯以及柏拉图的著作中,我们可以搜集到一点点关于亚特兰蒂斯王族的信息。柏拉图确实向我们保证,这样的传承是存在的,但他没有告诉我们任何王族成员的名字,除了波塞冬的儿子外,其他成员有阿特拉斯、加迪尔或欧墨洛斯、安菲索斯、伊菲蒙、弥涅斯、奥特库吞、埃拉西普斯、美斯托、阿萨埃斯和狄亚普利佩斯。让我们先研究一下,看看能从中得到什么。

在其他神话中,阿特拉斯被暗指为伊阿珀托斯和克吕墨涅的儿子,是普罗米修斯和厄庇墨透斯的兄弟,他和泰坦们一起与宙斯交战。被希腊的神打败后,他被迫用头和肩膀扛起了天空。据荷马传说所言,他的确是支撑天地的支柱。事实上,他就是已故的爱德华·塞勒教授研究墨西哥神话的学生们现在所说的"天空支撑者",也就是支撑世界屋脊的魔仆之一。这个想法可能来自这样一种观念,在非洲,阿特拉斯山像其他高山一样,高耸入云。其他的神话作家,正如我们所看到的那样,把阿特拉斯描绘成一个博学的占星家,一位首次教人类研究星象科学的君主。当然,像阿特拉斯山这样的山脉不止一座,我们在毛里塔尼亚、阿卡迪亚和高加索也发现了类似的山脉。

欧墨洛斯或欧摩尔波斯,又叫加迪尔,其名称与卡迪兹和直布罗陀海峡有关,意思是古代的加班那海峡。被认为是古希腊伊洛西斯秘密仪式的奠基人。我们在古典神话中找不到关于安菲索斯、伊菲蒙和弥涅斯的记载。奥特库吞这个名字仅仅意味着原住民,但值得注意的是,他通常被希腊人用来形容古代拥有佩拉斯古血统的人,沃尔特斯在《古代词典》中说,"原住民的故事可能与西班牙的巴斯克人和威尔士的凯尔特人的故事类似"。他们的确是所有传入希腊文化的创始人。埃拉西普斯、美斯托和阿萨埃斯都同样不为古典传统所知,却非常著名。然而,我们应该记住,柏拉图明确指出,这些名字是从亚特兰蒂斯语言中由萨伊斯的祭司翻译成埃及语言,后来又由克里蒂亚斯翻译为希腊语转化而来。因此,他们不太可能以其原始形式传播。

以上是柏拉图的观点。狄奥多罗斯告诉我们,乌拉诺斯是亚特兰蒂斯的第一位国王。乌拉诺斯是希腊的天空之神,是泰坦神伊阿珀托斯的父亲,是《圣经》中提到的雅弗、克洛诺斯、独眼巨人以及包括忒弥斯在内的许多其他神话人物的父亲。他在亚特兰蒂斯最著名的孩子是巴塞尔(意思是"女王")和瑞亚或者说潘多拉。阿特拉斯、萨图尔努斯和赫斯珀洛斯被认为是他的后代。亚特兰蒂斯成为昴宿星的星群。后来,这些神之外的一个名叫朱庇特的人成了亚特兰蒂斯的国王,并且在泰坦的帮助下取代了他的父亲萨图尔努斯。

很明显,亚特兰蒂斯的神话历史在某种程度上与诸神和泰坦之间的战争事件有关,这在希腊神话的历史和艺术方面占了很大比重。《与泰坦交战的神话》讲述了这样一个故事:世界第一任统治者乌拉诺斯把他的儿子百手巨人、百臂巨人和古埃斯以及长着圆形眼睛的

独眼巨人,扔进西西里岛巨人般的牧羊人手中。他的妻子盖亚对此非常气愤,怂恿泰坦族起来反抗他们的父亲。泰坦族人废黜了乌拉诺斯,把克洛诺斯推上了王位。但克洛诺斯反过来又把独眼巨人扔回了塔尔塔洛斯(地狱下暗无天日的深渊),娶了他的妹妹瑞亚。乌拉诺斯和盖亚曾经预言,自己会被自己的孩子们罢黜,因此当孩子出生时,乌拉诺斯就把孩子们都吞掉了,只有宙斯幸免于难。宙斯的母亲只好把宙斯藏在克里特岛的一个山洞里。宙斯长大成人后,喂了父亲乌拉诺斯一剂魔药,让乌拉诺斯把吞下的孩子吐了出来,这些孩子转而开始反对克洛诺斯对泰坦族的统治。盖亚向宙斯许诺,如果他能把独眼巨人基克洛普斯和百臂巨人赫卡同克瑞斯从塔耳塔洛斯解救出来,就帮助他获得胜利。宙斯做到了,泰坦族被征服,并且被扔进了地狱。

从这里我们发现,与众神和泰坦之战有关的人,和亚特兰蒂斯历史故事中的人一样。事实上,狄奥多罗斯把众神和泰坦之战的故事和人物运用到了亚特兰蒂斯的历史上。主要是基于什么理由呢?主要是依据现存的传说推测的。他不可能虚构泰坦之战的故事,因为这个传说在他之前几个世纪就一直流传着。因此,我们有理由假设,大西洋上确实曾经发生过一场大规模战争。希腊人认为诸神起源于西方,所有的未解之谜和文化都是从那里来的。独眼巨人和泰坦同样与西方有关系,前者与西西里岛和地中海诸岛有关联,后者与其他岛屿有关联。庞波尼厄斯·米拉说,波塞冬之子泰坦阿尔比恩,他是英国最初的守护神,也是阿特拉斯的兄弟,曾经帮助阿特拉斯和爱尔兰的伊比利亚神,一同对抗赫拉克勒斯。阿尔比恩这个名字,是从苏格兰古老的名字中奥尔巴尼简称而来的。因此,有这样一个独特的泰坦族与大西洋有关系,如果再将阿尔比恩和提比略能够与大不列

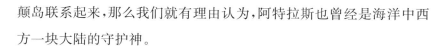

颠岛联系起来,那么我们就有理由认为,阿特拉斯也曾经是海洋中西方一块大陆的守护神。

　　很多民族的历史都始于一个神族,只是随着时间的推移才逐渐有了这个民族真实的历史。希腊和罗马王朝、埃及、巴比伦、墨西哥和中美洲的编年史,都始于对世袭君主的生活和功绩的传统概括。英国在王室家谱上也同样记载了类似的描述。我曾在路边的一家旅馆里,看到过一幅附有插图的现代族谱,绘制了国王乔治五世从亚当和早期苏格兰国王那里传下来的家谱。难道我们没有真实的李尔王和亚瑟王吗? 神话的历史形式是什么? 它不就只是书写以前时代流传下来的传统历史吗? 埃及第一个王朝的创建者美尼斯一直被视为神话人物,直到人们在一座现代墓穴中发现了关于他的文献资料。在施里曼发现特洛伊之前,特洛伊被认为是荷马的臆想。有很多人在发现刻有他名字的碑文之前,也一直认为特洛伊是传说人物。如果要列举这样的人物,可以从神话故事中复原 100 个。那么,我们是否有充分的理由认为,柏拉图和狄奥多罗斯所给出的亚特兰蒂斯诸王的名字,有可能曾经属于真正的历史人物呢?

　　正如我已经说过的,我们苦于只能以希腊文的形式,叙述亚特兰蒂斯国王的名字,这是一种不利因素。我们对他们的时代也没有出现按时间顺序排列记载的线索。说他们在石器时代统治亚特兰蒂斯,就像说李尔王或亚瑟王代表英国新石器时代一样没有可信度。他们被称为亚特兰蒂斯的"第一代国王",但是,在大灾难发生之前,没有任何特别的古代传说曾经提到过这一点。

　　一切迹象都指向这样一种可能性:由于亚特兰蒂斯经历了几次大型的灾难,也经历了不止一次文化和政治的变革。奥瑞纳文化似乎是从亚特兰蒂斯继承而来的,这种文化在流传到欧洲之前的许多

世纪里,就已经显示出了一定的发展迹象,而中石器时代在文化上的衰落以及物质上的进步,则表明亚特兰蒂斯在人文方面的又一轮改革。正如前文已经提到过的,奥里尼雅克期的遗迹似乎表明,在更新世结束之前的某个时间段,亚特兰蒂斯曾存在着一个非常伟大的文明。

如果这个假设是正确的,那么人们就将意识到,它不是完全不可能发生的。

奥里格纳西人对欧洲的殖民发生在大冰河期末期,大约是 25000 年前。在欧洲,主要的冰层从挪威的北角一直延伸到法国的北部,覆盖着与现在的普鲁士一样的面积。在较为南方的一些国家里,这种现象或多或少地出现在山脉突出的地方。但在这些地区,由于山脉的面积较小,再加上较温暖的气候,这种现象就不那么引人注目了。在北非,几乎没有冰川现象。因此,北非也是最不可能和亚特兰蒂斯处于同一个纬度的。毕竟在那个时候,亚特兰蒂斯是近海国家,或多或少会有一些冰川现象,甚至在冰河时期会拥有比现在苏格兰北部更恶劣的气候。

如果上述观点被认可,同时我们也承认在亚特兰蒂斯存在着一个人类种族——克罗马农人,他们在文化和智力上毫无疑问是优越的。根据克罗马农人脑壳的大小,以及奥瑞纳文化的遗迹,我们得出这个结论是合理的。当时的欧洲要么被埋葬在更新世的冰川下,要么南部地区会受到当地冰川的强烈影响,如果不受这些条件的影响,就不应该发生这样的情况:那里孕育出一种文明,在随后的时代,这种文明被一系列火山或地震性质的灾难所毁灭。

我们发现柏拉图所描述的神族——波塞冬之子,有原住民血统。我们可以认为这就是阿兹利安人,因为某些因素使他们被塑造成了

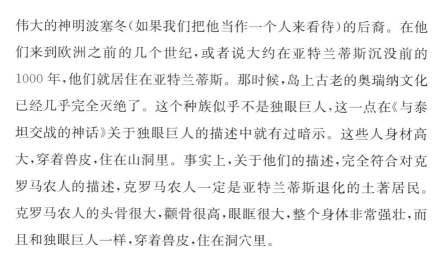

伟大的神明波塞冬(如果我们把他当作一个人来看待)的后裔。在他们来到欧洲之前的几个世纪,或者说大约在亚特兰蒂斯沉没前的1000年,他们就居住在亚特兰蒂斯。那时候,岛上古老的奥瑞纳文化已经几乎完全灭绝了。这个种族似乎不是独眼巨人,这一点在《与泰坦交战的神话》关于独眼巨人的描述中就有过暗示。这些人身材高大,穿着兽皮,住在山洞里。事实上,关于他们的描述,完全符合对克罗马农人的描述,克罗马农人一定是亚特兰蒂斯退化的土著居民。克罗马农人的头骨很大,颧骨很高,眼眶很大,整个身体非常强壮,而且和独眼巨人一样,穿着兽皮,住在洞穴里。

我们发现,在亚特兰蒂斯最终沉没之前的几个世纪,波塞冬来到了那里。他与克罗马农原住民结盟,使他们的文化更接近现代文明,就像墨西哥的羽蛇神一样。事实上,海神波塞冬和风神、羽蛇神的神话,实际上是相同的。在《美国的亚特兰蒂斯》中,我举证论证了阿特拉斯和风神、羽蛇神的人格是相同的,这同样适用于海神波塞冬,他拥有英雄文化的相同属性。我们知道羽蛇神是从大西洋的某个地方来到墨西哥的。那么,波塞冬是从哪里来的呢?

我相信,波塞冬是阿兹利安或者古阿兹利安入侵者的首领,他们征服了亚特兰蒂斯,并在对欧洲进行大规模袭击前的几个世纪,对其进行殖民。波塞冬通常被描述为"皮拉斯基人"的创世神。现在,皮拉斯基人这个名称通常用来表示一个在早期殖民希腊的种族,皮拉斯基人用坚固的石头建造了宏伟的建筑。皮拉斯基人确实是迈肯人,是伊比利亚人的后裔。如我们所见,阿兹利安人是伊比利亚人的祖先。因此,我们有充分的理由说明波塞冬是亚特兰蒂斯的征服者——阿兹利安人的国王或者祭司。伊比利亚种族起源于北非,毫无疑问是不可能的,而地中海的统治者波塞冬,一定曾经带领着他的

子民从北非的阿特拉斯地区来到亚特兰蒂斯。由此,几个世纪后,他们征服了欧洲和他们最初的家园。《希罗多德》第二卷中指出,西亚人对于波塞冬的了解,来源于利比亚人(非洲人)。"利比亚人(非洲人)尊敬波塞冬,自古以来他们是唯一拥有名叫波塞冬神灵的民族"。

如果大家觉得这些结论不是非常可疑,且可以被接受的话,那么我们就有描绘亚特兰蒂斯岛历史事件的材料了。从克罗马农人征服欧洲开始,一直到岛屿大陆最终被淹没,这些历史事件都是模糊的,而且可能有许多空白。

首先,我们可以想象,亚特兰蒂斯岛是一座几乎和澳大利亚一样大的岛屿,是一个自命不凡的史前文明的所在地。亚特兰蒂斯民族是一个体态优美的民族,这样的体格确实是世界上从来没有出现过的。在燧石工具和种族天赋的帮助下,他们没有受更新世冰霜环境的影响,在基督教时代之前的 23000 年前或更早期,成功发展出一种更高层次的艺术成就。他们在举行宗教仪式的大洞穴里,用动物和半人半神的精美绘画作为装饰,并进一步用圣像的浅浮雕和小雕像加以润色。人们围绕着这些洞穴富足地生活着,在洞穴外面会建造一些小木屋或者石头和黏土建造的小房子。正如我们所看到的,他们所发展的社会阶层,形成了今天社会阶层的原型。

大约在公元前 22000 年前,一场大地震袭击了这个岛屿。在地震的猛烈攻击下,岛屿的一部分沉入了大海。大批居民惊恐万分,于是他们穿越大陆桥向欧洲大陆进发。以前他们一直不愿意在大陆地区定居,因为众所周知那里气候寒冷、条件恶劣,但随着冰层的逐渐消失,这种情况有所缓解,现在已经与自己的家乡没有什么不同了。留下来的人继承了部分古老的文化,虽然这部分文化在某种程度上是殖民者允许范围内退化了的。

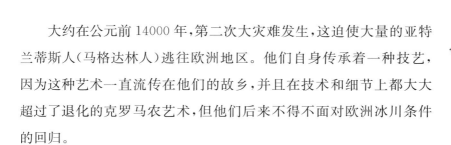

大约在公元前 14000 年,第二次大灾难发生,这迫使大量的亚特兰蒂斯人(马格达林人)逃往欧洲地区。他们自身传承着一种技艺,因为这种艺术一直流传在他们的故乡,并且在技术和细节上都大大超过了退化的克罗马农艺术,但他们后来不得不面对欧洲冰川条件的回归。

大约在公元前 10500 年,波塞冬和他的阿兹利安子民,也就是原始伊比利亚人,从北非地区进入亚特兰蒂斯。

正是从这一点上,我们有把握掌握一些亚特兰蒂斯历史的真实性。波塞冬是一个早期史书中的英雄,类似于我们在波利尼西亚和墨西哥神话发现的那些人。事实上,波塞冬在亚特兰蒂斯的行为,就像这些人在他们自己国家的行为一样。现在看来,柏拉图个人不太可能编造出一个与后世的英雄传说情节如此吻合的故事。在这种情况下,民俗有助于探索历史。

海神波塞冬接管了亚特兰蒂斯岛的统治权。他娶了一个当地的女人。他开凿大运河,在山上建了一座庙宇,随后养育了一对双胞胎,这对双胞胎后来统治了亚特兰蒂斯以及周边的岛屿,建立了一种特殊的种姓制度,还建立了一种基于祖先崇拜的宗教体系。

这些情节几乎与太平洋上的复活节岛的史诗英雄霍图·玛图阿的传说是一样的,在太平洋,亚特兰蒂斯像加那利群岛一样,显然都是沉没的大陆遗迹。霍图·玛图阿和他的追随者们被困在复活岛上,于是他为自己定下目标,要重建复活岛的社会。他在石头、墙壁、简陋的神殿和雕像中建造了宏伟的建筑。通过巧妙的禁忌体系,他维护并延续了波利尼西亚祖先的宗教信仰(详见《美国的亚特兰蒂斯》,第 62 页)。

其他神话也有类似的情况。克里克印第安人的历史中记载,"呼

吸大师"来到了位于原始荒芜水域的纳恩查哈岛,并在那里建了一座房子。他修建了一座环岛的高墙,将水引到水渠里。这难道不正是波塞冬在亚特兰蒂斯的故事吗?

据说,阿尔冈昆印第安人的伟大神灵麦尼博兹霍按照自己的喜好雕刻了大地和海洋,就像休伦神塔威史卡拉"将水引入光滑的水渠"一样。秘鲁的帕里亚卡卡神也和波塞冬一样,来到了一个多山的国家。当地的百姓辱骂他,于是他就引来洪水摧毁了他们的村庄。随后,他遇到了一位名叫苏索的少女,她正在痛哭。他问少女痛哭的原因,苏索告诉他,是因为玉米缺水马上就要枯萎了。于是帕里亚卡卡对苏索说,如果她愿意把她全部的爱奉献给自己,他就可以使玉米复活。苏索同意了他的请求,于是帕里亚卡卡用水渠引来水源灌溉了玉米。最后他将妻子变成了一尊雕塑。

另一个秘鲁神话讲述的是卡伊尤马省的亚姆基萨帕人,因为太过贪图享乐,触怒了真神托纳帕,于是神用巨大的湖泊淹没了他们的城市。这个地区人们的崇拜圣物是一座女人形象的雕塑,雕塑矗立在普卡拉山顶,托纳帕摧毁了这座山和山顶的雕塑,随后消失在大海中。

在这些神话中,我们发现了构成波塞冬在亚特兰蒂斯的故事的大部分元素——圣山、陆地和水域的形成,神娶了当地的少女,灾难性的洪水。这就是神话学家所说的"重现检验"。如果我们在世界中发现一个神话的某一部分,又在别的地方发现了其他重叠的部分,那么这些不同的部分就可以被视为相同部分情节的补充,将整个故事串联在一起。

据我所知,目前还没有内容涉及地中海岛屿的神话,所以柏拉图也不会知道。那么,柏拉图所利用的资料,很有可能是来自其他地方

的,但他难道没有意识到,通常所说的关于亚特兰蒂斯的历史情况,幸存下来的资料一方面传播到了欧洲和埃及,另一方面传到了美国吗? 我们知道,这些故事已经流传了无数个世纪,那么我们完全可以假设,两个大洲的人民都对亚特兰蒂斯的了解逐渐加深,这个过程虽然缓慢,但确实是真实地进行着。

在狄奥多罗斯的叙述中,很明显,乌拉诺斯代表着柏拉图所说的波塞冬。两者都被描述为阿特拉斯之父,实际上,阿特拉斯可以被称为亚特兰蒂斯历史上的中心或关键人物。关于亚特兰蒂斯的国王,柏拉图并没有为我们提供更多的细节,只是粗略提到他统治了"几代"。狄奥多罗斯却不是这样,关于亚特兰蒂斯的传说这一部分而言,他似乎接触到了更广泛的信息。事实上,狄奥多罗斯将亚特兰蒂斯国王的历史一直延续到了朱庇特时代,他向我们保证,朱庇特这个名字跟传说中与之同名的神完全是不同的人物。

首先来说一下"伟大的母亲",杰出的"女王"巴塞尔。从迦太基到迦南的整个地中海地区,后来都尊称她为母神,阿斯塔罗斯、阿斯塔蒂、戴安娜、维纳斯、阿芙罗狄忒、伊希斯,在英国、爱尔兰、高卢以及美国都可以发现她的踪迹。尽管在德国和斯拉夫还没有迹象,但是她的"分布"恰恰与亚特兰蒂斯殖民和迁徙的路线相吻合。入侵者亚特兰蒂斯人、克罗马农人和阿兹利安人,是最早把关于她的信息带到欧洲的忠诚拥护者,他们所建立的关于母神的雕塑就可以证明这一点。正如麦卡利斯特教授所言,他们塑造了一个身份夸张的母亲形象。她是女神,和她的地位相匹配的——就像柏拉图所描述的亚特兰蒂斯那样——是公牛,当我们研究亚特兰蒂斯宗教的时候就会明白这一点。在狄奥多罗斯的传说中,因为孩子的死亡她痴呆了。当然,在其他许多经典的故事中,用疯狂来描述她;在伊西斯的故事

中,人们崇拜她坚强和忠贞的一面,苏格兰的母神也是这样。彭透斯之死是阿格夫对他疯狂的歪曲,而珀尔塞福涅的失踪则是对科莱(希腊神话中的女神)绝望的记忆。

阿特拉斯是众兄弟的追随者,据狄奥多罗斯说,他是一个博学的占星家,是第一个发现地球是球形的人。直到今天,他的名字还与地理学紧密地联系在一起。到目前为止还存在着以阿特拉斯命名的山脉和海洋,这是非常耐人寻味的。总有一些地名和种族以某个人的名字来命名,这些人随着时间的推移,逐渐会被传说为神。希腊是所有希腊人之父,英国人把英格威人当作自己的祖先,苏格兰人崇拜斯科塔或者说斯卡塔,这个名字在斯科耶岛至今仍保留着,罗马人的名字来自罗穆卢斯,还有数以百计的其他种族都以自己祖先的名字来命名自己的后代。因此,假设泰坦阿特拉斯曾经是人类,亚特兰蒂斯人以他的名字来命名自己的种族,并且将国家也命名为阿特拉斯,这是非常有可能的。

狄奥多罗斯说,阿特拉斯娶了他的妹妹赫斯珀瑞斯为妻,两人育有7女,据说行星就是以她们的名字命名的。阿特拉斯的统治时间有多久,我们无从得知,但亚特兰蒂斯城可能就是他在位期间建立的。这座备受瞩目的建筑不太可能是在波塞冬一世统治时期建立的,在他死后修建了这座神庙的可能性似乎更大一点儿,而且这里还有他和他妻子克莉托的雕像。然而,有人对这种观点提出了反对意见,认为在波塞冬神圣的建筑中发现了10个儿子的雕像,而且这些雕像显然是被神化了的"祖先"形象。因此,我们可以更有把握地得出这样的结论:尽管神庙和波塞冬与克莉托雕像的建造时间可以追溯到阿特拉斯的统治时期,但阿特拉斯被神化的兄弟们的雕像则有可能是在后来才被放置在那里的。

天文学家阿特拉斯一定是将山上的宫殿当作了他的天文台,因为那里的地势高于整个城市。当我们谈到寺庙、宫殿和天文台时,评论家可能会说,我们所研究的时代是 10000 多年前,而迁徙到西班牙的阿兹利安移民并没有建造这样的建筑。这也许是事实。但事实上,在西班牙南部的维尔瓦,在当地英西考古学院的埃琳娜·惠肖女士的主持下,大量的中石器时代遗迹已经被发现了。惠肖女士已经成功找到了许多关于塔特希安文明的证据,这种文明,曾经在前罗马时代甚至迦太基时代的西班牙南部繁荣一时。在经历了多次挫折之后,她于 1914 年在阿方索国王的资助下,先后在塞维利亚和涅夫拉成功地建立了英西考古学院。她在这座被城墙环绕的小镇外建立的博物馆,是这类博物馆的典范,里面陈列着她从旧石器时代到阿拉伯时代各个阶段的发掘成果。

博物馆内收藏的石器时代物品,按照现代权威人士的观点,绝大多数都被认为归属于旧石器时代。这些石器时代的物品呈现了一种很显著的独特样式,因为它们不像其他大多数地区的旧石器时代物品那样是由燧石制成的,而是由各种各样的石头制成,其中包括石英、斑岩和石板,大部分来自上一个冰河时代。展品中还包括许多新石器时代的物品和大量陶器碎片,都被精心打磨过,其中一些带有浮雕图案。在塞维利亚附近还发现了陶器的丧葬瓦,这些丧葬瓦被认为与克罗马农人的遗骸有关。因此,我们至少可以怀疑该地区的旧石器时代人类制造了陶器。

当然,众所周知,在罗马人占领安达卢西亚之前,那里的高等级文明已经繁荣昌盛了许多世纪。在迦太基人发现并且开始开发西班牙南部时,古老的塔特苏斯王国早就在那里了。这种塔特苏斯文明文化的基础可能涉及两种文化的融合,一种来自北非阿特拉斯地区

的利比亚人,另一种来自石器时代的西班牙人,但这一理论并不能完全解释大型港口、巨大的城墙和要塞在建造过程中,所表现出的高等工程技术,这些遗迹构成了这个领域显著的考古背景,并显示出许多前塔特时期手工制品的痕迹。在涅夫拉,人们找到了一片富含旧石器时代遗迹的土壤,并且探测了9米的深度,但迹象表明,还有更多的遗迹被埋藏在更深层次的地方。这些遗迹跟小型石英飞镖不太一样,有些不到1.3厘米长,有切口优美的斑岩鱼钩和小箭头,还有许多其他小东西,通常被归类为中石器时代物品,但确切用途还有待确定。同时被挖掘出来的还有巨大的谷物破碎机,是由当地的黑石英制成。这些东西都是不可能被河水带到涅夫拉的。

在一个石器时代遗迹如此丰富的地区,竟然没有克罗马农人的住宅,在一段时期内,研究者都对此感到非常奇怪。在涅夫拉对面的里奥廷托河岸上,有一系列的洞穴,但很明显,这些洞穴在克罗马农人被另一个种族取代很久之后才有人居住。但是在涅夫拉的地基下,以及奥瑞纳文化遗迹被发掘的地方附近,人们发现一堵墙的下层,那里的石灰岩被剥落了。这堵墙似乎与旧石器时代奥瑞纳文化的器具有关,因为克罗马农人的手工作品与它的精致程度极为相似,然而,当我们回忆起奥瑞纳文化的雕塑、绘画和骨雕的卓越之处时,这一猜想的可能性的概率还是非常大的。

后来,地基部分也被发掘出来,人们认为它应该属于青铜器时代。这些建筑位于涅夫拉城墙外,面朝南侧的河流,占地约9平方米长。它们是由当地一种称之为石碓的物质组成的,这是一种由各种物质胡乱混合成的混合物,称之为混凝土,是安达卢西亚特有的。使用这一种材料或者别的材料,为我们提供了一个标准。可以看出该地区建筑施工的大致周期,这就确定了从里奥廷托河岸到小镇东边这段区域,城墙和建筑物都有相同的早期特征,都是由粗糙巨石堆砌而成又通过混凝土进行加固的。

这种结构是在1923年通过一次次的洪水冲刷被发掘的。河流被人们沿着城墙人为地加深,形成了一个港口。如果需要证据证明,这是由远古的建筑工人设计的,那么我们可以研究一下从城里的5个大门楼之一一直延伸到河边的一座9米宽的台阶。毫无疑问,修建城墙是为了防止人工海港淤塞,同时也是为了加强对城市的防御。最近,惠肖女士接到了一项皇家命令,允许她在涅夫拉城墙内自由挖掘,她希望可以在专家的指导下进行挖掘工作,了解涅夫拉城墙的早期历史。

从惠肖女士的发掘中,我们不仅可以清楚地看到,克罗马农人的建筑实际上是用石头建造的,还发现了与他们的手工艺品风格非常相似的巨石城墙,但是阿兹利安人或原始伊比利亚人在韦尔瓦建造了巨大的古代港口,其中的一些墙壁和楼梯上展示了类似于印加、秘鲁奇怪的多边形砌体的作品。事实上,惠肖女士认为这些都是亚特兰蒂斯移民的作品,而且她正在准备一篇关于这个主题的长篇论文,她打算将它命名为《安达卢西亚的亚特兰蒂斯》。

因此,我们没有理由不谈论阿特拉斯时代亚特兰蒂斯的宫殿和天文台。后者也许类似于秘鲁、印加和前印加的栓日石,我们可以设想,圣人阿特拉斯坐在这样一座研究天体的建筑里,忙于研究天体,似乎也没有什么不可能的。

我们可以从阿特拉斯从事天文学研究的情况推断,亚特兰蒂斯在他的统治下是非常和平的。这种状态可能持续了相当长的时间,并且见证了亚特兰蒂斯力量的增长和巩固。

狄奥多罗斯告诉我们,朱庇特是亚特兰蒂斯的国王,他细心地向

我们保证,这个人与神话传说中的那个同名的神不是同一个人。由此我们可以推测,朱庇特是以神的名字来为自己命名的。但是,关于究竟是阿特拉斯的兄弟萨图尔努斯,以及他的儿子朱庇特,谁先登上皇位这个问题似乎还有一些疑问。关于朱庇特,狄奥多罗斯说,要么继承他父亲的王位,成为亚特兰蒂斯的国王,要么取代了他。这样看来,要么是萨图尔努斯先统治,然后按照正常的流程把王位传给了朱庇特,要么就是朱庇特将他从王位上赶了下来。后者似乎更有可能,正如狄奥多罗斯告诉我们的,"据说,萨图尔努斯在泰坦族的帮助下跟他的儿子开战了,但是朱庇特在一场战斗中战胜了他,征服了整个世界"。他还说:"朱庇特是没有信仰而且又贪婪的人。"因此,我们可以假设,一个没有宗教信仰且贪得无厌的老国王或首领,他的贪婪和亵渎已经威胁到了国家的安危,所以他就被一个更加虔诚、更加体贴的儿子所取代了。从各种故事中我们了解到,萨图尔努斯在他和儿子的斗争中利用了泰坦族的帮助,也可能是更古老的奥里格纳西人的一个分支——高大的克罗马农人,但很有可能,这一次利用使这个民族永久地沉寂了下去,这与后来亚特兰蒂斯的动荡有很大的关系。

我们可以把朱庇特看作亚特兰蒂斯的第三任国王,或者至少是我们所知道的第三位国王。正是在他的统治期间,那些在亚特兰蒂斯历史上带来灾难的动荡因素开始显现出来。但是有一种可能性非常大,那就是在亚特兰蒂斯的历史上,波塞冬、阿特拉斯、萨图尔努斯和朱庇特这4位杰出人物,代表着4个不同朝代的开国元勋,也代表着个人至上的君主统治时期。事实上,这些可以从柏拉图的描述中了解到,他告诉我们,许多世纪以来,这4位统治者没有忘记自己的出身,他们遵守所有法律,并且是他们祖先疯狂的崇拜者。四朝的统治不可能维持这么长的时间,那么我们只能得出这样的结论:这些留下

姓名的人物是新王朝的第一批君主。还有一种可能是，这些"经典"神明的名字，是柏拉图通过他人的转述得来的。因此，流传下来的名字可能不是希腊人所能理解的形式，也就是说，不会是他们原本的亚特兰蒂斯或者埃及式名字。新王朝的统治者总是被后人描述为神或者半神之后被载入史册。在埃及的历史上有几个这样的例子，墨洛温王朝的第一位国王、法兰克家族的克洛维一世被认为是有超自然能力，罗马、希腊和巴比伦也有类似的例子存在。

　　这就为我们提供了一个有力的论据，那就是亚特兰蒂斯历史上有记载的、仅有的留下名字的 4 位国王，他们不是神，而是人类，只是后来获得了神圣的荣誉。亚特兰蒂斯似乎也有在国王死后将其神化的习俗，就像埃及和罗马一样，在古代英国和北美印第安人部落中也很常见。当然，这也解释了为什么他们被后世奉为神明。事实上，准确地说是在他们死后，努玛·庞庇流斯和马可·奥勒留都被认为是"神"。

　　有一点我们可以相信，正是在朱庇特王朝，一种改革的精神在亚特兰蒂斯政治体制中显现出来。"随着时间的推移，"柏拉图说，"人类事务的变迁逐渐腐蚀了他们神圣的制度，他们的行为开始像其他人类一样。他们听从野心的鼓动，寻求暴力统治。众神之王宙斯看到这个曾经如此高贵的民族变得越来越堕落，于是决定惩罚他们，用灾难来缓解他们的野心。"

　　柏拉图在《克里提亚斯篇》中的描述就在这里结束了，我相信是因为他的死亡才没有完成。我也相信，如果他没有死亡，在他的著作中精心地详细描述亚特兰蒂斯的话，那么他本可以告诉我们更多关于亚特兰蒂斯的事情。在我看来，《克里提亚斯篇》中的那段对话并不适用于最后的灾难发生之前的那段时间，而是适用于亚特兰蒂斯历史中，改革精神首次开始发展的时候。萨图尔努斯，这位贪婪而又

反宗教的君主，显然已经引起了公众对他政权的反对，或者说是反对他所制定的政策，因此他不仅被臣民疏远，同时也被继承人疏远。他的继承人很有可能因此领导了一场反对年迈暴君的公众起义，萨图尔努斯因为没有臣民的帮助，因此只能求助于古老的本地土著奥里格纳西人。根据狄奥多罗斯的说法，曾经有一场战争，萨图尔努斯和他的盟友被打败了，他也因此被赶下王位。

亚特兰蒂斯人曾经温和守法，现在却热衷于党派斗争。即使表面上实现了和平，各对立派之间的不良情绪仍然存在，其结果就是很可能会导致普遍的政治动乱和民众动荡。这一现象非常明显，于是宙斯通过他的祭司，向对立的各方发出了一个警告。祭司告诉他们，神父召集了众神会议，对他们的行为表示了谴责。在那之后，就柏拉图而言，后续的一切就模糊不清了。毫无疑问，他的描述提到了神的不满和警告，并且是我们了解了这一警告未来会导致的结果，我相信，这些结果会告诉我们当时亚特兰蒂斯的改革是怎样结束的。通过权力机构，将公众的注意力转移到征服外部领土上。这一政策最终导致了柏拉图在《提迈奥斯篇》中记载的欧洲大入侵，考古学认为，这就是阿兹利安人的侵略。

可能在称之为"朱庇特"的统治时期，基于上述原因，亚特兰蒂斯君主做出了入侵欧洲的决定。这并不是第一次入侵，柏拉图的表述清楚地表明，亚特兰蒂斯国王"统治利比亚、埃及、欧洲乃至伊特鲁里亚的边界"。我所提到的这些内容大体上与阿兹利安人或原始伊比利亚人的扩张相一致，但肯定与克罗马农人的扩张不同，由此我们可以推断，在大规模入侵欧洲和非洲之前，阿兹利安人已经在欧洲和非洲打下了良好的基础。

接下来有一个理论也许很奇怪，却真实存在，为了求证亚特兰蒂斯在这个特殊时期的状况，我们不得不求助于一种信息来源，这个来源从某种程度上来说,恰恰是最不可能为我们提供所需证据的,但是一旦仔细思考,我们就会意识到,它的确可以为我们提供精确的测量尺度。我所说的文献来源是指英国和爱尔兰的古代文学,威尔士的三合会以及爱尔兰的传说和民间故事。特别是从一开始我们取得的关于这一时期亚特兰蒂斯历史的最充分而且最惊人的线索。在讨论这一问题之前,让我们先来审查一些数据,并且从中收集有关亚特兰蒂斯编年史最不为人知的细节。

第八章

英国的亚特兰蒂斯

在威尔士和爱尔兰现存古籍中记载着一些习俗,参考亚特兰蒂斯的相关传说,这些习俗源于亚特兰蒂斯之外,没有任何其他理论可以解释。威尔士古籍中关于陆地被洪水淹没的资料非常多,如果要在本书中将其全部囊括在内,恐怕需要一整卷的篇幅。因此,在证明威尔士的洪水传说与亚特兰蒂斯的灾难有关这一理论之前,我们或许可以研究一下其中一些更广为人知的传说。

在 12 世纪南特加文的卡拉多克以及 1601 年特雷加恩的万·布雷希瓦和托马斯·琼斯的著作中,发现了一些称之为《大不列颠岛的三大事件》的文章。这些都是由牧师爱德华·戴维斯在他的凯尔特研究中整理记录的(伦敦 1804)。在文章中,我们读到了以下事件,其中包括:

"首先,湖水决口,陆地被淹没,所有的人都被淹死了,除了德维万和德维瓦赫,他们是乘一艘没有帆的船逃出来的,从此不列颠岛又有了居民。"

"其次,是狂风暴雨和大火带来的恐惧,当地面裂开到安温(较低

108

的地方)的时候,绝大部分的活体生灵都被大火吞没了。"

"最后,是炎热的夏天,烈日把树木和植物都烤焦了,大量的人、兽、鸟、爬虫、树木和植物都永久性消失了。"

这三大事件就提到了洪水,而洪水是指利莱恩湖的决口。事实上,同样的故事在梅里奥内斯郡巴拉附近的巴拉湖也有流传,已故的约翰·瑞斯爵士说:"也许威尔士其他所有的湖泊附近都应该居住着牛羊成群的富足居民,而在我们这个时代,每一个湖泊应该都是由于一座城市的陷落形成的,我们甚至至今还能听到这座城市的钟声欢快地鸣响。在威尔士,土地被洪水淹没的记忆如此普遍,这无疑印证了一种最古老、最根深蒂固的传说。"戴维斯说:"在德鲁伊教中,利莱恩湖代表洪水,湖水决堤淹没了整个陆地,因此,他们认为湖泊是洪水的象征。但是洪水本身,并不仅仅被视为一种惩罚手段摧毁邪恶的地球居民,同时也是一种神圣的净化手段,它洗去了堕落的根源,净化了大地,以便接纳正直的人或者神化的君主和他的家人。因此,洪水被认为是非常神圣的,而且会将这种独特的属性传递给当地所有的湖泊和海湾。"❶

在 12 世纪威尔士人心中,利莱恩湖是神话中洪水和灾难的象征。另一个不同种类的传说是关于坎赫尔的圭德诺王国,即"沉没百年",他讲述了圭德诺王国是如何被淹没的。"这个,"劳埃德教授说,"首先出现在卡尔森一个叫布莱克写的一本诗集中,这首诗写在书的最后一部分,到现在大概有 1200 年。这首诗被翻译成多种文字,例如在梅瑞克的《卡迪根郡史》(第 2 页)和威尔士一位现代作家的《威尔士语》(第 6 页)中的英文版本"。然而,最好也是最新的版本是瑞斯爵士

---

❶ 摘自《英国德鲁伊教的传说》,第 142 页。

在《辛姆多里翁纪事》(第 14～16 页)中所写的故事,书中指出,圭德诺王国被海水淹没的根本原因是人民的堕落,他们沉迷于口舌之欲和傲慢的心。人们产生这种判断的源头是因为一位少女,她叫玛格丽特,她掌管着一口神奇的井,在一次宴会上,她让井水泛滥,淹没了城市……这就是最原始的故事;最早版本的《圣经家谱》(也可以追溯到1200 年前后)的编译者在其中补充了这个故事。作者声称,5 位圣徒是格德诺国王赛特宁的儿子。现代传说的起源,在很多方面都很不一样,我们必须看看属于 16 世纪的 3 个故事中的第三个,关于英国一群声名狼藉的醉汉(在古老的 3 个故事文学中不为人知的一个狂欢群体),据说其中有个名叫赛特宁的酒鬼,他是达费德的国王,他酒杯里的酒使大海漫过这片低地,这片有美丽城池还有锡尔迪金国王圭德诺·加兰希尔遗产的土地。掌管神奇水井的少女没有在这个故事中出现,萨特宁成为整场灾难的罪魁祸首,他不再是被淹死的国王,受难者变成了邻国君主圭德诺的王国。但是著名的堤坝仍有待引入到故事之中。古物学家罗伯特·沃恩(1592—1667)第一次想到把百年低地的故事与哈勒赫城堡附近的天然堤道联系起来,当时的原住民称之为"萨恩堤"或"圣帕特里克堤道"。当然,比较盛行的说法是,这是圣人回到他心爱的故乡爱尔兰的私有道路,但是对沃恩来说它只是"一座对抗大海的巨大石墙",因此他可以毫无负担地假设这条堤道就是被淹没的王国城墙。17 世纪的作者刘易斯·莫里斯在自己的诗歌中,也提到了相同的观点,并且加入了自己的想法,"是因为醉酒,洪水才泛滥的"(《凯尔特遗迹》第 73 页和第 39 页)。但是要了解这些诗歌背后的真实历史还需要更多的研究;洪水泛滥的原因一定是赛特宁,他必须扮演这个醉酒的罪魁祸首。这是欧文在《寒武纪传记》(1803)中提到的一位对威尔士古物研究颇有影响力的学者,在他的资助下,这个故事圆满结束了,受到了广泛的欢迎,并且为文学创作提供了一个吸引人的主题。英国人是通过《爱尔兰的不幸》这本令人着迷的书了解这个故事;对威尔士人来说,则是在诗歌中频繁地听到。

戴维斯援引记录在三大灾难中的故事:"酒鬼赛特宁是达费德国王赛迪的儿子,他把酒倒入海里,海平面高于圭德诺王国的位置,于是淹没了那里所有的房屋和土地。在灾难发生之前,那里曾经有 16 座城市,威尔士是除了卡利恩以外最繁华的国土,是锡尔迪金国王圭德诺的领地。这件事发生在君主埃姆里斯的时代。那些从洪水中逃出来的幸存者来到了阿尔迪杜伊平原、阿尔冯地区、斯诺登山区和其他一些至今无人居住的地方。"

毫无疑问,这是一个古老神话故事的内容,不应该被视为真实的历史。首先,卡迪根湾确实存在于托勒密时期,托勒密所标注的卡迪根湾所处的海角以及它所接触的河口,几乎与它目前所处的情况完全相同。但是,不管是托勒密还是其他的古代地理学家都没有发现这 16 座城市中的任何一座,据说这些城市在 6 世纪就已经消失了。

"其次,我们充分了解了威尔士的古代和现代地理环境,从而得出了一个决定性的结论:无论是以前还是现在,这 16 座城市从来没有出现过的痕迹,或者说出现过,但是与卡利恩毫无可比性,就好像它们是在圭德诺时代被想象出来的一样。"

"再次,大家普遍认为,洪水的故事其实是由于有人疏忽而没有关闭水闸造成的,当然,这个理由明显不可能造成洪水的效果。这一疏忽则归咎于达费德国王赛迪的儿子,我们已经在神话故事中发现了这种说法的痕迹。"

当然,这个传说不过是威尔士版沉没的亚特兰蒂斯的故事,我在

布列塔尼传说中也讲过布列塔尼的沉没之城；或者说，两个故事可能有一个共同的起源，而这个起源深深地植根于过去的凯尔特传说，这种说法可能更正确一点。此外，值得注意的是，两个故事在大环境方面都认同了亚特兰蒂斯的传说，那就是洪水是为了净化居民的罪恶。

关于布雷克诺克郡的萨瓦达湖也有类似的故事，关于这个故事，戴维斯做了如下描述：

"这个湖原本是一座繁华的城市，但是据说这里的居民非常的邪恶。于是国王便派遣了他的使者去调查这个传言的真实性，并且威胁说，如果有证据证明传言是真的，那么他将摧毁这座城市，为他其他的臣民做出警示。使者是在傍晚到达城市的。那时所有的居民都在狂欢作乐、骄奢淫逸。没有人注意到有陌生人到来，也没有人对他表示欢迎。最后，使者看到了一间简陋的屋子，门开着，于是他走了进去。里面只有一个摇篮，摇篮里躺着一个哭泣的婴儿，婴儿的家人都不在家。使者在摇篮边坐了下来，安慰着这个天真的孩子，然而只要一想到孩子最终会和抛弃他的亲人一起在灾难中死去，他就感到无限悲伤。在悲伤中，使者过了一夜，并且在逗孩子开心的时候，不小心把手套掉进了摇篮里。第二天早晨天还没亮，使者就出发了，他要把这里的情况报告给国王。"

"使者刚离开这座城市，就听到身后传来一声巨响，像是巨大的惊雷，夹杂着凄惨的尖叫和哀号。使者停下来静静地听着。这时的声音听上去像是海浪疾奔，不久后，四周归于一片死寂。天还黑着，使者看不到发生了什么事，也不想回到城里去。于是使者继续赶路，一直走到了天亮。清晨很冷，于是使者想把手套拿出来取暖，但是翻遍全身也只找到一只，使者立刻回想起来另一只手套忘在哪里了。这副手套是国王送给使者的礼物。于是使者下决心一定要找到它。

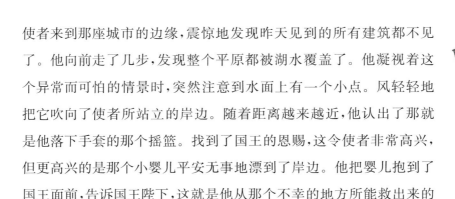

使者来到那座城市的边缘，震惊地发现昨天见到的所有建筑都不见了。他向前走了几步，发现整个平原都被湖水覆盖了。他凝视着这个异常而可怕的情景时，突然注意到水面上有一个小点。风轻轻地把它吹向了使者所站立的岸边。随着距离越来越近，他认出了那就是他落下手套的那个摇篮。找到了国王的恩赐，这令使者非常高兴，但更高兴的是那个小婴儿平安无事地漂到了岸边。他把婴儿抱到了国王面前，告诉国王陛下，这就是他从那个不幸的地方所能救出来的一切。"

"这个小故事的内容明显是《马比诺吉昂》的神话故事中的其中一个，我们所说的《马比诺吉昂》也就是游吟诗人用来教导年轻人的神话合集。这个故事的寓意似乎是要在当地举行一场活动，警示人们洪水曾摧毁过一个恣意挥霍的种族。"

"类似这样的传说，湖泊或者海水泛滥淹没了城市或者其他人口稠密的地区，在整个威尔士广为流传。"

这些传说显然不是对真实历史事件的描述，而是对在另一个环境中，发生在凯尔特人身上远古灾难的记忆。

在塔利埃辛的诗歌《塔利埃辛之书》中，亚瑟王被暗指与一场洪水或者类似的灾难有关。相关描述在措辞和含义上都模糊不清，而且正如特纳所观察到的那样，这显然"与神话有关"。戴维斯认为这首诗是在暗指"关于英国酒神巴克斯和谷物女神克瑞斯的传说"，这个传说与"洪水神话集"有关，但他也承认："用其他方式去探索这些传说背后的秘密可能更加合适"。诗中写道："我们潜入深海的人数是普利多温（亚瑟的船）号的 3 倍，但只有 7 个人最终返回了卡尔斯迪（圆形堡垒）。"

这首神秘诗歌的第二节开始赞美传说，"我们在亚瑟的带领下，

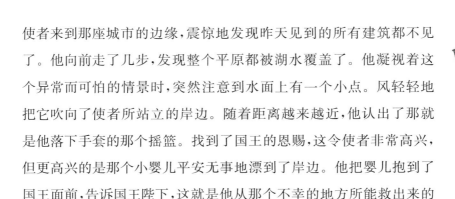

第八章 英国的亚特兰蒂斯

113

在它四方形的围墙里探索了四次"。

随后，游吟诗人唱道："在四方形的围墙里，在有坚固大门的海岛上，暮色和黑暗混在一起。"

在我看来，这一段话和之前的一段话似乎都是对亚特兰蒂斯传说的生动记忆。读者们可能还记得，在柏拉图的著作中，亚特兰蒂斯的城市据说被分为了陆地和水域两个区域，在之前出版的著作《有关亚特兰蒂斯的问题》中，我用大量证据来证明了亚特兰蒂斯的圆形建筑规划在后来的许多城市中被复制。本书对这些相似之处的总结如下：

从柏拉图所描述的亚特兰蒂斯建筑设计风格的文献开始研究，我们发现不仅仅是在迦太基，许多分散在某些地区一定范围之内的其他古迹，都可以找到接近亚特兰蒂斯建筑风格的建筑模型，这些地区一部分分布在整个地中海沿岸，另一部分分布在除了英国和爱尔兰以外的大西洋西部。如果认为这些建筑风格是历史上从东方到西方按照时间顺序产生的，那么这个猜想是非常没有意义的。伊比利亚人是这些珍贵遗迹的创造者，他们并非起源于地中海东部地区，因此不可能把这一地区的建筑作为他们种族建筑历史的起点。

从这首短诗的第 5 节中，也进一步阐明了它对于亚特兰蒂斯的意义：

"我不会救赎有拖尾护盾的人。他们不知道惩罚哪一天会到来，也不知道在平静的日子里什么时候会有烦恼，更不知道谁会阻止他们进入有水源的山谷。他们只知道头戴粗大头饰、项圈上有 7 个凸起刻痕有斑纹的公牛。"

这显然是指，一个国家的民众毫无危机意识地等待着洪水带来的灾难。关于对公牛的典故，戴维斯写道："英国人几乎在每一个对于洪水的纪念仪式中，都引入了公牛。"这使我们回忆起，公牛也曾经是亚特兰蒂斯所崇拜的圣物。

上文中的这首诗歌，显然是指人们在神话人物亚瑟王的带领下从洪水中逃生的故事。这些人，似乎是指岛上的领袖或者贵族，他们基本上不为民众担忧，而只是希望通过逃亡来活命。文中提到了他们所抛弃的城市有环形或者四边形的特点，而且暗示了他们从城中带走了关于他们秘密的记忆和必备的用具。

在古老的威尔士传说中，我们可以找到对失落的亚特兰蒂斯的记忆。这些记忆可以证明，我们的英国祖先将一个沉没国家的传说与大西洋地区联系在一起是合理的，而且这些记忆似乎在关于亚瑟王、利奥尼斯湖以及阿瓦隆岛的传说中都有记载。

首先，很明显我们已经讨论过利莱恩湖的传说。这个传说在某种程度上，只适用于威尔士地区海洋沉没的故事，关于利莱恩湖和利奥尼斯湖的传说有共同的起源。要证明利莱恩湖、利奥尼斯湖、阿瓦隆岛以及亚特兰蒂斯仅仅是同一片海域的地理名字也不难。

让我们先来看看与阿瓦隆岛有关的传说。大不列颠的凯尔特人认为阿瓦隆的遗址是西海。阿瓦隆这个名字被解释为暗指脑岛或者苹果岛，尽管这个单词中的两个字母 L 更像"苹果树岛"的意思。在蒙茅斯的杰弗里看来，它等同于被龙守护的赫斯帕里得斯岛（维塔·梅林，《罗克斯伯格俱乐部集》，伦敦，1830，第 40 页）。伊恩·莫蒂的《杰弗里集》中引用了一位匿名诗人的诗歌，也对它有类似的描述，亚瑟认为这首诗来自英国游吟诗人吉尔达斯。从诗歌的内容以及马姆斯伯里的威廉看来，这个岛属于国王阿瓦拉克的，他和他的女儿住在那里。根据哈里父子搜集的文献表明，阿瓦拉克是贝利和安努的儿子，里斯和阿瓦拉克与圣杯传奇中受伤的费希尔国王属于一个家族。

　　不用说,亚特兰蒂斯岛已经一次又一次地与拥有神圣苹果的赫斯帕里得斯岛联系在一起,因此,阿瓦隆岛与赫斯帕里得斯岛的关系,等同于英国人和柏拉图的位置,因此阿瓦隆岛被认为就是柏拉图笔下的亚特兰蒂斯。如果这个等式是合理的,那么我们必须准备在岛上的国王阿瓦拉克身上推理出英国籍的阿特拉斯,在他的父母贝利和安努身上推理出柏拉图传说中的希腊神波塞冬以及克莉托。

　　在我们讨论阿瓦隆和亚特兰蒂斯各自的统治者和居民之前,我们先来进一步探寻一下两者之间地理位置的联系。我们可以发现传说中佩雷杜尔所进入的"旋转城堡"可能就是亚特兰蒂斯的一个特殊事件。这个事件被记录在《威尔士圣经》(埃德·威廉姆斯)中,原文是这样写的:他们骑着马穿过森林,从一个森林到另一个森林,一直到达森林外的空地。然后他们看到一座城堡出现在视野中,在一片草地中央的平地上;在城堡的四周,有一条护城河流淌着。远远地可以看到城堡里有宽敞的大厅,窗户又大又漂亮。他们慢慢走近城堡,发现它正在以前所未有的速度飞快旋转着。城堡上空,弓箭手们在奋力射击,任何盔甲都抵挡不住他们的一次进攻。除此之外,还有人在使劲吹着号角,听起来让人感觉大地都在颤抖。城堡门口有带着锁链的狮子在大声吼叫,好像要把树林和城堡都连根拔起。

　　这座旋转城堡无疑可以与费希尔国王的住所圣杯城堡相提并论。塔利埃辛在他的一首诗歌里也提到过这个神秘的古堡,他在诗中这样写道:

　　　　我在城堡的地位是完美的

　　　　瘟疫和衰老只会伤害外界的人

　　　　他们崇敬玛那威丹和普雷芮

　　　　三架风琴在篝火前唱着歌

它们的目的地是海洋的分支

并且在河流上游繁衍生息

这就比白葡萄酒更甜

　　"卡尔西迪"这个名字的意思是"旋转的地方",它和"旋转的城堡"是押韵的。前文提到过,卡尔西迪这个地方是在洪水发生时与世隔绝的地方。这一点就可以将旋转城堡与曾经被洪水淹没的海洋地区联系起来。传说似乎总是容易把亚特兰蒂斯和容易发生灾难的地方联系在一起,总的来说,我们对于亚特兰蒂斯位置的记忆基本上就是有这样的明确定位的。像亚特兰蒂斯一样,旋转城堡位于"平原或者草地中央的平地上",也被一个"巨大的沟壑或者凹地"所包围。大地在颤抖,城堡在旋转,仿佛在经受地震的剧痛。城堡周围的狮子是自然破坏力量的典型代表。根据诗歌的描述,旋转城堡是与世隔绝的。"周围都是大海的分支溪流。"瑞斯说:"这里用了'班恩'这个词,这就把旋转城堡和亚瑟王传奇中的班恩王所拥有的本威克岛联系起来了。"诗中还暗示城堡有 4 个角,这似乎与爱尔兰传说《马尔登之旅》中的"四面墙之岛"有关。这些墙分别由金、银、铜和水晶组成,并且在中心相连接。这一点也与亚特兰蒂斯吻合,它的城墙是由金、银、山铜或者铜建造的。让我们来逐一对比一下柏拉图的描述和威尔士的圣经。

　　(1)在威尔士传说中,佩雷杜尔骑马穿过野生森林,从一片森林到另一片森林。柏拉图说亚特兰蒂斯岛周围的国家森林覆盖率很高。

　　(2)旋转城堡坐落在草地中央的平地上。亚特兰蒂斯建造在平坦的平原上。

　　(3)旋转城堡周围流淌着一条大河。柏拉图说平原被一条巨大的沟壑所包围,山间的小溪流向平原,最终通过运河流出。

（4）卡尔西迪的意思是"旋转或者环形的地方"。亚特兰蒂斯也是以环形风格建造的。

（5）卡尔西迪歌手在"迪普的战利品"这首歌中唱道："我不会用拖盾来拯救这群人。"柏拉图说，亚特兰蒂斯原住民"注定有 1/6 的人都要上战场，为了凑足 1 万辆战车，每辆战车需要配备两匹马以及两个骑兵、一辆轻型的没有座位的副战车、一个侍从以及战车御者、两个全副武装的步兵、两个弓箭手、两个弹弓手、三个投石手、三个标枪手、四个水手，还要凑足 1200 艘船。"

（6）"他们（这里指平民）对于头上装饰着粗大头饰的斑纹公牛并不熟知。"柏拉图说："在亚特兰蒂斯的波塞冬神庙附近，放牧着神圣的公牛，岛上的 10 位国王会定期献上祭品……"他们会穿上天蓝色的长袍审判罪犯。简而言之，贵族是崇拜公牛的疯狂信徒，平民对崇拜公牛却一无所知。

也许通过这些比较，我们可以更加清晰地了解威尔士传说中的卡尔西迪和阿瓦隆岛，与亚特兰蒂斯起源的关系。现在，可以继续研究英国历史上关于与世隔绝或者被淹没地方的其他神话，希望可以找到进一步的证据。

在凯尔特人的民间传说中，仙女摩根、命运女神以及其他和大海有关的仙女形象尤为突出。瑞斯说，她就是在阿瓦隆岛上负责医治亚瑟伤口的仙女摩根，是湖中的仙女，兰斯洛特的养母，囚禁梅林的人。摩根的意思是"海洋的后代"，我们可以认为她代表处于被遗忘的深渊中的海洋。摩尔在威尔士语中的意思是"海"，也许摩根所代表的就是普林尼在他的《自然史》中所提到的那片海，死者必须经过这片海才能到达国王克洛诺斯的王国，又或者代表时间。海洋对于凯尔特人来说的确是通往另一个世界的道路，这一概念在很多神话

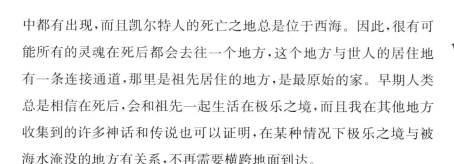

中都有出现，而且凯尔特人的死亡之地总是位于西海。因此，很有可能所有的灵魂在死后都会去往一个地方，这个地方与世人的居住地有一条连接通道，那里是祖先居住的地方，是最原始的家。早期人类总是相信在死后，会和祖先一起生活在极乐之境，而且我在其他地方收集的许多神话和传说也可以证明，在某种情况下极乐之境与被海水淹没的地方有关系，不再需要横跨地面到达。

首先，让我们来列举一下被海水淹没的地方，除了前文提到过的那些地方以外，还有一些地方据说是被大不列颠的凯尔特人淹没的，而其中的一些地区是在威尔士。梅里奥尼斯郡的巴拉湖就是其中之一。确实，瑞斯在书中写道："在我们这个时代，每一片湖都被认为是由于一座城池的陷落而形成的，以至于直到现在还能听到这座城市的钟声在回响。"这至少证明了，在英国凯尔特人的概念中，陆地沉没的想法占了很大篇幅。这是为什么呢？这类传说并不是"自然而然地"产生的，但至少可以证明它们背后有着悠久的传承，而且一定有一些事件是起源于真实的历史。

沿海地区海水泛滥导致陆地被淹没，只是陆地沉没传说的思维延伸。当然，在某些情况下这确实发生过，但是在另外一些情况下，这似乎只是一种对更为古老的水下海洋区域的定位。"沉没百年"的传说已经被引用了。与之类似的是沉没的阿伯多维城，在圭德诺王国里可以听到它的钟声。瑞斯说："如果从历史的角度来解释圭德诺王国的陷落，那么这场灾难应该归咎于一个名叫塞森尼的疏忽，他的工作就是看守河堤以及闸门；有一天，他喝得酩酊大醉，完全忘记了自己的职责，于是灾难发生了。"然而，其最原始的记载可以追溯到《马比诺吉昂》中的一首短诗；这绝不会是一个平凡的故事，因为这首诗的作者完全不知道塞森尼喝醉了，他只是把塞森尼描述成一个智

力低下的人，并且把所有责任都归咎于一个少女，他称其为水井的管理者或者泉水的仆人。没有人告诉我们，她的职责到底是什么；但是她可能掌握了魔法之井，就像爱尔兰故事里的内伊湖一样……由于疏忽没有盖住魔法泉的盖子，导致了洪水泛滥，家族中的有个人预言了这一场灾难，这个人在威尔士版本的传说里就是塞森尼的角色。爱尔兰故事中掌管水井的少女叫利班，在威尔士语中叫利莱恩，她的名字，也出现在了威尔士关于利莱恩湖决堤引发湖水泛滥的传说中。进一步来说，这个少女的名字还有可能以类似的形式出现，或者是从她的名字中衍生出来，我们在马洛里的《利莱恩》中可以读到相关内容，这个国家的天才是一位名叫利莱恩夫人的女人，她拥有一座坐落在阿瓦隆岛附近的城堡。瑞斯认为她的国家应该位于康沃尔的西海岸。"坐落在伦迪岛和锡利群岛之间的海底某处……没有人居住，"她说，"关于这些浪漫故事背后的神话可能是极其古老的，人们可以大胆指出，我们似乎有证据显示，从早期罗马占领这个国家开始，将类似于特里斯特拉姆或兰斯洛特这样的英雄与古典神话中的赫拉克勒斯相提并论；证据就是托勒密称哈特兰为赫拉克勒斯·阿克伦，或赫拉克勒斯海角。"

当然，利莱恩这个名字和传说中的利莱恩湖的名字是一样的，正如前文所提到的，世人都认为是利莱恩湖决堤淹没了整个大陆，这一点也可以和亚特兰蒂斯的沉没联系在一起。但在我看来，它不仅与亚特兰蒂斯有历史性的联系，而且在词源学方面也有联系。的确，我相信亚特兰蒂斯这个名字只不过是凯尔特人对于利莱恩这个词的希腊语翻译版本，就像希腊人会以自己的方式命名凯尔特人一样。以利莱恩为例，它的发音与大多数非凯尔特人的发音相同，"is"是希腊式的结尾，加上字母"t"是为了发音好听。于是利莱恩的名字变成了

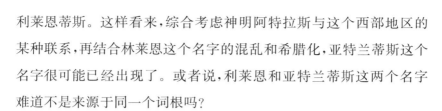

利莱恩蒂斯。这样看来,综合考虑神明阿特拉斯与这个西部地区的某种联系,再结合林莱恩这个名字的混乱和希腊化,亚特兰蒂斯这个名字很可能已经出现了。或者说,利莱恩和亚特兰蒂斯这两个名字难道不是来源于同一个词根吗?

阿特拉斯很容易与大不列颠的诸神联系在一起。他是泰坦族,是阿尔比恩的兄弟。阿尔比恩和他一样是波塞冬的儿子,同时也是英国最早的守护神。他们两个都在争夺赫拉克勒斯的西部通道。根据庞波尼乌斯·米拉的说法,波塞冬之子阿尔比恩和他的兄弟伊比乌斯(爱尔兰神)白羊座附近挑战希腊半神。阿尔比恩也被称为阿尔巴,苏格兰被命名为奥尔巴尼也是从这个名字来的。因此,泰坦这个种族与西部海洋有关联,如果阿尔比恩和伊比乌斯能够与大不列颠群岛产生关联,因为他们的名字在那里的确一直强有力的存在着,那么我们就有理由假设阿特拉斯可能也曾是西方国家的守护神,那里的传说中一直出现着他的名字。阿尔比恩(大不列颠),伊比乌斯(爱尔兰),阿特拉斯(亚特兰蒂斯),这个名字的次序是非常精准的,而且非常难以相信的是,如果与前两个名字相关的岛屿至今仍然存在,而第三个只是名字被当作一个存在于神话传说中地方的神,特别是所有被提到的人物都有同样的祖先,都属于同一个氏族。在神话历史上,没有哪两个氏族的传承是通过同一个祖先的,传说中的一些人是有现实基础的,另一些人就是完全依附于神话本身。当我们翻阅《旧约全书》《梨俱吠陀》《爱达经》,任何提供过先祖谱系的传统著作都不可能出现这种异常的情况。

让我们来看看希腊神话中的革律翁,大西洋一个岛屿的领主,代表了凯尔特人。革律翁是厄里茨阿岛的首领,有三个身躯和三头六臂。他拥有许多美丽的紫红色牛群,这些牛在西边的平原上吃草,因

为他所统治的厄里茨阿岛位于西大洋,在赫拉克勒斯之柱的后面,气候宜人。在他放牧的时候,赫拉克勒斯驾着盛放太阳的金碗(古时候人们认为在夜晚的时候,太阳回到了东边的一个容器里,而这个容器就是一只金碗)航行到了小岛上。

赫拉克勒斯在登岛时,遭到了革律翁的狗——奥特休斯以及放狗人欧律提翁的袭击,二者都被杀死了。革律翁听说了这件事,急忙去追赶赫拉克勒斯,并向他发起攻击,但同样也被杀死了。最终,赫拉克勒斯把牛赶到了岸边,并且带着牛角作为战利品,和革律翁的女儿一起安全登上了金碗。

爱尔兰的大力神赫拉克勒斯,携走了法尔加岛的国王米德尔的牛和女儿。但更重要的是,居住在大西洋岛屿上的革律翁和米德尔都像亚特兰蒂斯人一样,拥有一群神圣的牛。

我们可以发现,大西洋岛屿的大不列颠凯尔特人的神话,在很多情况下是与亚特兰蒂斯相吻合的。凯尔特人不仅没有生活在一个与世隔绝的地方,还拥有一座值得骄傲的城市,这座城市名叫卡尔西迪,像亚特兰蒂斯一样采用环形建筑风格。城市周围有巨大的沟壑或者说运河,由全副武装的士兵驻守,并且崇拜的圣物在某种程度上与公牛有关。我们同时也知道,世人认为这个城市是被洪水或者其他类似的自然灾害淹没的。

大不列颠的本土传说中除了上文已经提及的那些,关于灾难性的岛屿动乱的内容还有很多,其中绝大部分都是与火山或者地震相关的,与洪水没有关系。普鲁塔克在《神谕的日暮》中提到了其中的一个:"狄米特律斯说过,在英国周围的岛屿中,有许多散布在无人居住的地方,其中一些岛屿是以神灵和英雄的名字命名的。他还告诉我们,国王派他去侦察,所以他一路到了离那些无人居住岛屿最近的

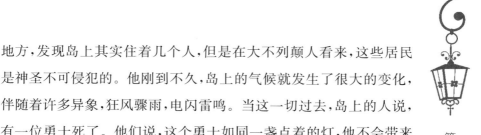

地方,发现岛上其实住着几个人,但是在大不列颠人看来,这些居民是神圣不可侵犯的。他刚到不久,岛上的气候就发生了很大的变化,伴随着许多异象,狂风骤雨,电闪雷鸣。当这一切过去,岛上的人说,有一位勇士死了。他们说,这个勇士如同一盏点着的灯,他不会带来任何危险,但当他被扑灭的时候,对于许多人来说就是痛苦的,就像对伟大的灵魂来说,他们一开始发出的光芒都是愉快的,是痛苦的对立面,然而他们被灭绝和破坏后,至今仍常常会扰乱风和浪的轨迹,也常常引起气候异常。此外,他们说,还有一个小岛,克洛诺斯被囚禁在那里,布里亚柔斯负责在他睡觉的时候守护着他,因为按照他们的说法,睡眠是克洛诺斯的历练方式。他们还说,在他周围有许多神,是他的仆人和随从。"

现在这个传说从多个角度来说,都是非常重要的。首先,它指向的是"大不列颠周围的岛屿",而且其中许多岛屿是以神和英雄的名字命名的。例如,马恩岛和斯凯岛就是这样命名的。但是有一些是无人居住的。这是为什么呢?很可能因为在那个时期,如上文所述,火山或者地震经常爆发。岛上的居民认为这些风暴和火山爆发在某种程度上与死者有关,也就是说,与住在西边的那些人有关。再者,针对克洛诺斯,他被囚禁在一个更加遥远的岛上,如瑞斯的客观表述是"只有布里亚柔斯在革律翁沉睡的时候守护着他",这与阿瓦隆的亚瑟王沉睡的方式非常相似,上文我已经证明了,阿瓦隆岛极有可能就是亚特兰蒂斯。尼尼厄斯也描述了伟大的巨人本利是如何反抗圣日曼诺斯的,他的整个宫廷都被来自空中的火焰烧成了灰烬。现在巨人本利也与伊尼斯本利岛或者称为巴德西岛有关,梅林就是在这里消失在他的房子或玻璃船里的,人们认为这个岛也有可能是阿瓦隆岛。

实际上我们发现,柏拉图对亚特兰蒂斯的描述中所有更广泛、更普遍被接受的内容,那就是曾经有一个与世隔绝的海岛因为洪水、火山或者地震的影响被淹没了,岛上有一座建筑风格特殊的城市,而且岛上奉行与公牛有关的宗教崇拜制度。由此我们可以得出一个结论,亚特兰蒂斯移民与这个岛一定关系密切,而且在一定时间以内必定居住在大不列颠的土壤上,他们的祖先在亚特兰蒂斯岛上所遭遇的巨大灾难,这一记忆在几个世纪以来一直没有失传,这其中的文学意义和宗教意义远远不是一个传说可以达到的。

对爱尔兰传说的研究也清楚地表明,许多亚特兰蒂斯人的记忆被珍藏在其中。爱尔兰传说中的福尔摩利人是多姆努人,即生活在深海里的人。他们像泰坦一样,是一个身材高大的民族,并且也同样与达努神族开战了。

另一个早期的爱尔兰民族芬尼亚人,按照传说与赫拉克勒斯之柱联系在一起。他们与神同名的祖先费尼乌斯·福尔萨是尼阿勒的父亲,尼阿勒娶了埃及法老的女儿斯科塔为妻。费尼乌斯和他的家族因为拒绝加入迫害以色列儿童的行列,而被驱逐出埃及。他们穿过迦南"靠近非利士人的祭坛",然后经过鲁西喀和叙利亚山区,一直到达了和赫拉克勒斯之柱一样遥远的毛里塔尼亚,然后进入西班牙,在非洲逗留了 42 年。

米利是西班牙米利都人的领袖,达努神族和他的族人一起被流放到西方的海上天堂,那里被描述为"希望之乡""幸福之乡""年轻人之乡"以及"布拉希尔岛"。斯奎尔说:"凯尔特神话中充满了对这个神秘国度美好景色的描述,关于它的传说从未消失。海兰布莱萨尔在旧地图中一次次被当作真实存在的地方。"

《图伦孩子们的命运》这本书,充满了对亚特兰蒂斯传说的暗示。

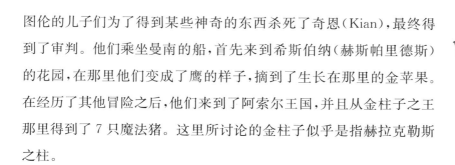

图伦的儿子们为了得到某些神奇的东西杀死了奇恩（Kian），最终得到了审判。他们乘坐曼南的船，首先来到希斯伯纳（赫斯帕里德斯）的花园，在那里他们变成了鹰的样子，摘到了生长在那里的金苹果。在经历了其他冒险之后，他们来到了阿索尔王国，并且从金柱子之王那里得到了 7 只魔法猪。这里所讨论的金柱子似乎是指赫拉克勒斯之柱。

关于内伊湖湖水泛滥的故事，在每一个威尔士传说中都基本一致，但"玛尔顿之旅"指的是大西洋上一些神奇岛屿，这些岛屿不可能是其他的地方，只能是民间记忆中的亚特兰蒂斯。玛尔顿和他的船员最先遇到的岛屿之一是"鸟岛"。那是"一个又大又高的岛，四周都是梯田，一层接一层往上延伸"，岛上住着许多羽毛鲜艳的鸟，"岛的形状是盾形，顶上还有梯田"。根据狄奥多罗斯的说法，阿特拉斯的女儿阿特兰德斯变成了昴宿星，但是根据其他古典权威的说法是阿特兰德斯变成了鸟类。这个岛的高度以及它的阶梯特征，似乎都可以让人想起亚特兰蒂斯传说。

在一座"广阔又平坦的岛屿"上，玛尔顿和他的同伴们发现了"一个宽阔的绿色赛马场"，这个赛马场曾经是水手们用来进行赛马运动的地方。柏拉图告诉我们，亚特兰蒂斯岛上有一个巨大的赛马场。之后他们还来到过一座苹果岛，就像赫斯帕里得斯的岛，还到过一座有城墙环绕的小岛。后来，他们到了另一座岛，在岛的中间有一堵铜墙，把岛一分为二。墙两边各有一群羊，一边的都是黑色的，另一边全是白色的。有一个非常高大的人在牧羊（无疑是独眼巨人）。下一个岛是一座很高的岛，被 4 堵墙分成 4 部分，墙体在中间汇合。墙的材质分别是金、银、铜和水晶。"大铁匠之岛"也会让人想起独眼巨人，而"海浪下的国家"似乎为这个理论，提供了最后一个必要的证

据,那就是整个传说只不过是亚特兰蒂斯传说的民间记忆(参见乔伊斯的《古老的凯尔特传奇》,第112页)。

伊比利亚民族可能绝大多数都生活在爱尔兰,当然,他们是阿兹利安人的现代人种。事实上,他们是弗摩尔族,也就是"生存在海底的人",精通魔法和黑暗科学。斯奎尔说:"达努神族之子众神和多姆努巨人之子泰坦之间的永恒战争,是在超自然世界中反映了凯尔特人和伊比利亚人之间的永恒战争。"

同样值得注意的是,另一个爱尔兰种族达努神族被认为是来自"世界南部的岛屿"。他们建立了4座伟大的城市——芬迪亚斯、歌利亚斯、穆利亚斯、法利阿斯,在那里他们学会了诗歌和魔法。之后,他们从每一座城市里带走一件代表他们神奇文化的宝物,迁徙到了爱尔兰,其中包括命运之石(它并不是像世人所熟知的那样在威斯敏斯特,而是仍然被留在塔拉)。这些城市曾经真实存在过是非常可能的。一个民族似乎不太可能故意为其定居了几个世纪的地区编造名字。

在爱尔兰传说中,发现了许多关于大西洋岛屿的民间记忆。在《利斯莫尔》这本书中记载了关于圣布兰丹的传说。圣布兰丹是克朗佛特修道院的创始人,生活在7世纪,他一直祈祷可以找到"隐藏的大陆",而且也有古老的传说可以证明,他一直徘徊在克里海岸周围,"寻找传说中的西方大陆"。如果他不是已经隐约猜到大陆就在那附近,那么他是不会有信心去寻找的。航行中,他来到了"阿特拉斯山背风面"的一个小岛,并且在那里逗留了很多年。

几个世纪以来,布拉希尔岛的传说一直萦绕在爱尔兰人的脑海中,并且与盖尔人的故事联系在了一起。

第九章

亚特兰蒂斯的传说

我在前文已经多次提到(在亚特兰蒂斯和美国的亚特兰蒂斯的问题上)贯穿了欧洲、非洲和美洲与亚特兰蒂斯有关的传说,那么在这里只要对这些传说做一个简单的总结就足够了。然而,这样的总结对于亚特兰蒂斯的历史是必不可少的,如果没有证据可以证明在旧世界和新世界的亚特兰蒂斯都曾经存在过,那么整个亚特兰蒂斯的历史将是不完整的。

首先是欧洲关于亚特兰蒂斯的传说。我们已经看到了它的传说在大不列颠和爱尔兰是多么鲜活,也回顾了在希腊和其他地方关于它的记忆。在西班牙也有关于安提利亚或七城之岛的传说,那是一座长方形的岛屿,在14—16世纪的地图上一再显现,托斯卡内利甚至建议哥伦布把它当作通往印度群岛的中途站。人们认为,罗德里克,西班牙最后一位国王,已经将那里作为躲避摩尔人侵略的避难所,他像亚瑟一样,一直待在他的岛上天堂,直到西班牙再次需要,他才会再次出现。一些作家甚至认为安提利亚就是亚特兰蒂斯,因为它四边形的形状很像柏拉图所描述的亚特兰蒂斯。但是洪堡指出,柏拉

图只是说四边形这种形状是亚特兰蒂斯的一个特点,而不是整个岛屿都是四边形的。

罗马历史学家提玛格涅斯,在公元1世纪非常著名,他充分保留了高卢人的传统,认为侵略者来自一个沉没的海岛。像大不列颠人一样,布列塔尼的凯尔特人也保存了自己关于亚特兰蒂斯沉没传奇故事的版本,他们的统治者是一位名叫格拉德隆的王子,他对于海洋的危险性做出了警告,建议挖掘一个巨大的盆地来接收涨潮时溢出的海水,以此来保证他的国家不被海水入侵。这个盆地有一个秘密的出水口,只有格拉德隆一个人有钥匙,但是他恶毒的女儿达胡特公主和她的情人一起参加宴会时,无聊地从一边走到另一边,偷到了钥匙,打开了水闸,湖水冲了进来淹没了整座城市。亚特兰蒂斯在商业和艺术方面非常发达,它坐落在现在的拉瓦尔市,尽管有些人认为它现在形成了杜瓦纳内湾,在这些平原多水的某个地方,坐落着格拉德隆宫殿,它大理石的柱子、雪松的宫墙和金色的屋顶总是隐藏在人们的视线之外。

在坝佩尔市,有一种奇怪的仪式保留了格拉德隆的传说。在大教堂的塔楼之间,有一座国王的雕塑,他骑在战马上,战马把他从洪水中救了起来。然而,在法国大革命期间,它遭到了破坏,但之后被修复了。据说,格拉德隆引进了布列塔尼一棵葡萄树,在塞西莉亚的每一天,人们都会为他唱赞美诗,并且向雕像敬献一个金色酒杯装满的葡萄酒。酒会被送到雕像唇边,然后由敬酒的人喝掉。然后,金色的酒杯就会被扔到下面等待的人群中去,谁得到它就可以得到价值200个王冠的奖品。

在这些仪式行为的背后,似乎有着古代宗教习俗的背景。格拉德隆被称为格拉德隆摩尔或"圣人",这个称呼在凯尔特神话中是保留给神的。事实上，他似乎就是波塞冬。波塞冬是人们印象中第一个骑马的形象，是他教人们跨上战马，他几乎和格拉德隆一样，总是骑在马上或者坐着战车。他的宫殿很像亚特兰蒂斯的风格。"坚固的堤坝可以保护它不受海水的侵袭"。宫殿的门也像亚特兰蒂斯一样开关在海面上，宫殿的装饰也很像。城市的居民也因为他们的罪恶而受到同样的惩罚，土地被淹没了。在我看来他的故事与亚特兰蒂斯的传说，几乎没有区别。事实上，它的名字似乎只是亚特兰蒂斯的缩写。

那么，法国海岸附近是否曾经存在过陆地，从而产生了诸如伊斯城这样的传说？1925年的夏天，让世界震惊的是，这片海岸附近可能存在陆地。对于这一发现，我在《纽约时报》上找到了最好的解释：

"如果指挥陆军运输队的一位名叫卢瓦雷的法国军官，所做的关于海底大幅上升的报告得到官方调查证实的话，那么几年以后，法国很有可能会发现自己的领土大大扩展了。"

"在他的报告中，科尔内中尉说，当卢瓦雷从奥特加尔角驶向罗什福尔城时，他注意到了一些奇怪的波浪，比如在离岸160公里的加斯科涅湾中心，海浪会冲过沙洲。"

"科尔内中尉看了看海图，又用六分仪检查了一下自己的位置，发现这一地区的深度在4000～5000米。而距离勘测点80多公里的地方，海水的深度只有34～70米。船上的驾驶员也探测了一下水的深度，检查了海底物质样本，发现里面含有沙、卵石和砾石。"

"据报道，海军军官们相信，如果海底有上升的话，那么这种上升应该发生在1923年日本地震和去年5月23日布列塔尼大区彭马尔的海啸期间。法国海军水文局局长菲绍特在他的声明中，则更倾向于保守态度，他认为科尔内中尉的观察结果值得仔细研究，尽管如果

海洋深度比之前认为的更浅，也不会影响船只在海湾的航行。他说，他们会尽快派遣海军委员会前往加斯科涅湾检查海洋深度数据，确定水下高低的大小和具体位置。"

"他认为那里不是一块新的陆地，而只是一片被淹没的沙洲，那里产生的波浪效应应该只是通常会产生的迹象。他说，因为这个地区的地图已经非常旧了，因此，如果有一些地区的地貌已经改变，的确很难发现，所以地图可能会有些不正确。当然他也觉得大西洋上存在这样一个海底高原很奇怪。"

"科尔内中尉所提供的位置是北纬 45°7′和西经 3°57′的区域，与波尔多和布雷斯特纬度相同。这离法国海岸最近的地方有 160 公里。"

在后来的调查结果中，也没有发现派往加斯科涅湾海军委员会的探测结论。

在达尔达诺斯的传说中，萨莫色雷斯岛被洪水淹没了，这在某些方面与亚特兰蒂斯有很大的相似之处。根据狄奥多罗斯的说法，萨莫色雷斯岛的土著居民断言，由于海平面的上升淹没了他们岛上的大部分平原，只有幸存者逃到了远处的高山地区。为了纪念从洪水中逃生，他们在岛的周围建起了地标，并且修筑了一个祭坛，他们之后的世世代代都不断地在祭坛上向神献祭。几个世纪以后，渔民们用渔网打捞起了石柱的柱顶，极有说服力地见证了这座城市被淹没在大海中。

研究亚特兰蒂斯文化的学者都对关于丢卡利翁和洪水的传说非常感兴趣，不仅因为它是关于洪水的神话，而且因为它也在美国历史中被复制了。根据琉善（Lucian）的说法，丢卡利翁是希腊世界的诺亚。琉善说："我在希腊听过希腊人是怎样描述丢卡利翁的。他们说，现在的人类并不是第一代人类，而是第二代，因为第一代人类已

亚特兰蒂斯——历史的起源

经灭亡了。这第二代人类就是丢卡利翁的后裔繁衍而来的。他们认为第一代人类是非常傲慢无礼的，并且一直沉迷于这种不好的行为；他们不敬畏誓言，对陌生人不友善，也不听别人的恳求。这种复合在一起的罪恶就是他们灭亡的原因。那时候突然之间，地面涌出了大量的水，大雨倾盆河水泛滥，海水一下涨到了惊人的高度。万物都被水淹没了，人类因此而灭亡。只有丢卡利翁因为谨慎和虔诚幸存了下来，从而繁衍出了第二代人类。他躲进了一条方舟，里面有猪、马、狮子、蛇以及其他所有生活在陆地上的物种，每个物种都是一对。他接纳了这一切，动物们也并没有伤害他，因为神在他们之间建立了友谊，当海水淹没世界的时候，他们在方舟里航行。"

丢卡利翁和妻子皮拉在一条小船上获救。他们向圣人求教，于是神谕告诉他们"将你母亲的骸骨（也就是地上的石头）扔到身后"。他们依照神谕执行，然后发现所有的石头都变成了男人和女人。

现在让我们来看看美国传说中的证据。这部分资料非常丰富，丰富得几乎有点令人尴尬，因为它的起源相当晚。

马斯科吉印第安人流传下来这样一段传说，大概意思是讲，在原始的废弃水域中，有一座名叫努恩查哈的大山，山上居住着"呼吸之神"埃索盖图·米西，他用黏土造人，并且垒了一条很长的围墙把这些泥人放到上面晾干，然后他把水引到了一条特有的水道里。这个传说中提到的山似乎和波塞冬在亚特兰蒂斯居住的那座山是一样的，而且关于水的处理方式，也与波塞冬把海洋和陆地划分成不同区域的方式非常相似。

关于阿尔冈昆人伟大的神麦尼博兹霍或者说米查博，据说他把"土地和海洋雕刻成了自己喜欢的样子"，关于休伦人的神塔威史卡拉，据说他"将洪水引入了平静的海洋和湖泊"。

更引人注目的是南美某些印第安部落的类似传说。玻利维亚和巴西西北部的安第斯印第安人说，一场大洪水袭击了世界，人类被迫在洞穴中避难。火山爆发了，人类最终被毁灭。阿拉瓦克人的马库西部落讲述了洪水中唯一幸存下来的人，是如何通过把石头变成人类的方式重新在地球上繁衍生息，就像希腊神话中的丢卡利翁和皮拉一样。塔玛纳克人也有一个类似的神话，据说幸存者们把毛里求斯棕榈的果实扔到自己的头上，然后在果实中诞生了男人和女人。

也许美国神话中最"具有亚特兰蒂斯特点"的种族之一是蒙德鲁库人，他们记录了雷米神创造世界的方式，是把世界做成一块扁平的石头放在另一个神的头上。当然这只是希腊传说阿特拉斯试图通过让赫拉克勒斯把地球扛在肩上，来永久减轻自己负担的另一种形式。

加勒比人坚信是他们拥有超凡能力的祖先，在土里埋下了石头，这些石头最后长成了男人和女人，这是丢卡利翁传说的另一种改编版。奥坎卡人的一个传说中曾这样描述：一位伟大的女药师统治着一个"失落的岛屿"，而特拉华州的印第安人有传说记载，因为一场巨大的洪水，人们匆匆忙忙逃走了。

墨西哥的阿兹特克人有很多保留下来的传说，这些传说中似乎保存了早期灾难性事件的记忆。根据官方不同的说法，这样的传说大概有四五个。梵蒂冈法典称"第一个世纪是在太阳出现之前，地球被水环绕着，直到洪水摧毁了整个世界"。这个时代持续了 4008 年，人类变成了鱼。第二个时代持续了 4010 年，最终狂风毁灭了世界，人类变成了猿猴。第三个时代以世界被火摧毁告终，第四个时代以饥荒作为结尾。

像波塞冬一样，秘鲁神帕里亚卡卡来到了一个多山的国家。但是当地的百姓辱骂他，于是他就引来洪水摧毁了他们的村庄。这时

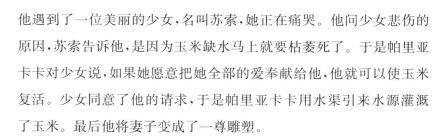

他遇到了一位美丽的少女,名叫苏索,她正在痛哭。他问少女悲伤的原因,苏索告诉他,是因为玉米缺水马上就要枯萎死了。于是帕里亚卡卡对少女说,如果她愿意把她全部的爱奉献给他,他就可以使玉米复活。少女同意了他的请求,于是帕里亚卡卡用水渠引来水源灌溉了玉米。最后他将妻子变成了一尊雕塑。

另一个秘鲁神话讲述的是阿拉苏尤省的亚姆基萨帕人因为太过贪图享乐,触怒了真神托纳帕,于是神用巨大的湖泊淹没了他们的城市。这个地区人民的崇拜圣物是一座女人形象的雕塑,雕塑矗立在卡查普卡拉山顶,托纳帕摧毁了这座山和山顶的雕塑,随后消失在了大海中。

这些秘鲁神话在细节上与柏拉图描述克莉托的追求、用山作为围墙引来水进行灌溉的故事有很多相似之处。神的妻子的雕像也被提及了,然后神自己消失在了大海中,就像波塞冬可能做的那样。同时我们可以看到,洪水也是由于人类的恶念或者贪图享乐造成的。

巴西的图皮一瓜拉尼人也与柏拉图所描述的相似,就其灾难的部分而言:

"创世神摩南见到人们都忘恩负义,对于他这个给人类带来欢乐的上帝充满蔑视,于是他收回了人类的快乐,并且派来了火神塔塔,烧尽了世间了一切生灵。他在火中扫视着,在一个地方建起高山,另一个地方设置深渊。所有人类中,只有一个人类伊林法师被摩南带到了天上得救了。伊林法师看到万物都毁灭了,就对摩南说:'你还要把天空也毁灭掉吗?唉,从今往后,我们的家在哪里呢?既然没有其他同类,那我又为什么要活下去呢?'于是摩南心怀怜悯降下倾盆大雨,浇灭了大火,雨水从四面八方流下来,形成了大海,也就是我们所说的帕塔纳海。"

布林顿在他的《新世界神话》中谈到美国传说中的洪水时写道：

"有充分的证据表明，美国原住民对于这种推测非常熟悉。早期的阿尔冈金传说中并没有提到这样一个上古时代的种族，也没有提到任何一个从洪水里逃生的种族……他们的邻居达科塔人虽然坚信地球曾经被洪水毁灭过，但他们也不认为有谁曾逃过这一劫。尼加拉瓜人和巴西的博托库多人也有相同的观点……加利福尼亚的阿肖奇米讲述了世界上溺水的故事，并没有人逃脱过……然而，更加普遍的观点是，有几个人从这种荒凉的自然环境中逃脱了……通过各种方式，乘坐木筏或者独木舟，躲在洞穴里，甚至爬到树上。毫无疑问，这些传说中的一部分已经被基督教教义修改过了，但其中许多记载仍然与具有当地特色的古老宗教仪式紧密联系，即使是完全公允的学者也没有办法确认这些传说分别属于哪个来源……这些传说的框架高度统一，而且与其进行无聊的重复，不如把它们都集中在一起统一研究，比逐一详细讨论更加有益处。到目前为止，大部分数据都显示，世界最后被洪水毁灭了。然而，也有一些研究……把地球的毁灭归结为一场席卷大地的大火，除了少数躲在洞穴深处的人以外，所有的生物都被大火吞噬了……的确，在亚洲和美国泛滥的传说中有一些惊人的相似之处。美国的传说有一个特点，那就是在他们的故事里，得救的人总是第一个人。虽然也有例外，但基本上是普遍的规律。这个获救的人通常是他们民族认知里的最高神灵，世界唯一的创造者，是人类的守护神。"

米斯特克人是墨西哥西南部一个高度文明的种族，他们的传说似乎也与亚特兰蒂斯有着紧密的联系。传说写道："在朦胧和黑暗的那段日子里，那时还没有白天，也没有时间概念，世界笼罩在一片混沌的黑暗之中，大地被水覆盖，水中漂浮着烂泥和泡沫。有一天，鹿神和女神出现了。他们有人类的躯体，并且用自己的魔法在水里建造了一座大山，在山上建造了美丽的宫殿作为他们的住所。这些建筑位于米斯特克的上层，靠近蓄水池和一座被称为'天之所'的山。这些神都有一对双胞胎儿子，精通魔法。鹿神的儿子和女儿更多，洪水来了，许多人都死在了洪水中。大灾难过去以后，被称为万物之主的神创造了天地，重建了人类种族。"

在这里，我们再次看到了山、双胞胎、"蓄水池"或者运河，以及男神和女神居住在一个封闭的、与世无争的地方，就像波塞冬和克莉托。

另一个墨西哥传说是关于水神特拉洛克如何将地球从洪水中托起的。在节日庆典上，孩子们被淹死然后献祭给他。在奥宾女士的一幅画中，描绘了特拉洛克的妻子女水神查尔丘特里魁站在激流之中，画中画了一个男人、一个女人还有一个宝箱，意在描绘"财产的损失"，象征"一切都将被水冲走"。这张画被认为可能暗示着一场发生在文明地区的灾难性洪水。在手抄本法典中，她被暗指为"洪水中自救的女人""洪水后活下来的女人"。塞勒教授认为她是人类事务演化而来的女神，代表迅速毁灭。特拉洛克和女水神查尔丘特里魁看起来就像是亚特兰蒂斯传说中，波塞冬和他的妻子克莉托。和波塞冬一样，特拉洛克也是海洋之神，他的脸上长着巨大的獠牙，看起来像是海象或类似海洋动物的脸。他的外衣是"云衣"，他的凉鞋是象征着水的泡沫。人类被洪水淹死后，都去了他修建的天堂。

墨西哥神话有关羽蛇神和他的子民托尔特克人是证实亚特兰蒂斯记忆最有力的证据。托尔克马达在他的《印第安纳州志》一书中，把托尔铁克人描述为一个穿着黑色亚麻长袍的种族，他们经由帕努科进入墨西哥，定居在托兰和乔卢拉。他们的首领是羽蛇神，一个留着长胡须、面色红润的人。他们是优秀的手工业者、建筑师和农学家。

　　墨西哥本土历史学家伊克特利切特尔（Ixtlilxochitl）对托尔特克人的描述，与柏拉图所描述的亚特兰蒂斯的故事，惊人地相似。他告诉我们，托兰是一个有着宏伟宫殿和庙宇的地方，国王们一开始是博学而精明的，后来却逐渐染上了淫乱挥霍的习惯。于是各地人们都联合起来造反了，众神也因国王和子民的自私自利贪图享乐发怒了。严寒和酷暑交替降临这座城市，庄稼枯萎，岩石融化，灾难彻底摧毁了这座城市。很明显，在墨西哥的土地上不可能发生这样的灾难，那里很少有霜冻的经历，因此这个故事很可能是对另一个更遥远星球上大灾难的回忆，融化的岩石就是地震或火山爆发的重要原因。这个古老的传说，经墨西哥人民的记忆重现世间，似乎是被用来解释托尔特克政权的政治分裂。

　　其他神话中提到的类似神或者羽蛇神这样人物的性格时，也带有明显的亚特兰蒂斯特色。这些人物被认为是墨西哥的托尔特克人和中美洲玛雅移民的首领。关于羽蛇神最完整地描述出现在萨哈冈的作品中，文中描述了托兰在那个时代的繁荣昌盛。羽蛇神是一个伟大的文化使者，他的宫殿是宏伟的，在那个时代玉米的产量也是巨大的。有一天，当地的巫师给了他一剂药，使他产生了一种强烈的愿望，那就是回到大西洋的家乡去。巫师们告诉他，他必须回到大洋彼岸的托兰去，于是他划着巨蛇做的筏子踏上了回家的路。

　　《特莱利亚诺—雷曼西斯手抄本》关于羽蛇神的段落是这样写的："人们说，是羽蛇神创造了世界，并且授予他风之神的封号。"因为他们说，当托纳卡特库特利觉得恰当的时候，悄无声息地生下了羽蛇神……他们为了纪念 4 次地震举行了一个庆典，这是关于毁灭者再次等待世界的命运；因为他们说，世界经历了 4 次毁灭，而且这种毁灭即将再次发生。只有他自己拥有和其他人类一样的躯体，其他的神都

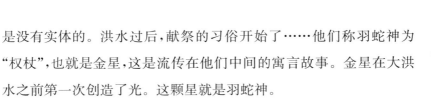

是没有实体的。洪水过后,献祭的习俗开始了……他们称羽蛇神为"权杖",也就是金星,这是流传在他们中间的寓言故事。金星在大洪水之前第一次创造了光。这颗星就是羽蛇神。

根据另一份类似作品《梵蒂冈抄本》翻译版所写:"正如人们所说,是他引发了飓风,但在我看来是被人们称为西塔拉杜阿利的神摧毁了世界……圣母的儿子羽蛇神知道人类的劣根性才是世界遭受灾难的原因,于是他决定问女水神查尔丘特里魁,她是特拉洛克的母亲,而特拉洛克是他们创造的水之神,负责在他们需要雨水的时候降雨……关于羽蛇神,人们认为,在羽蛇神的旅途中,他到达了红海,有一幅被命名为特拉帕伦画记录了这一段经历,然而在他进入红海之后,关于他看到了什么变成了什么就再也没有记载了……人们说是羽蛇神通过苦修影响了世界的变革,因为按照他的说法,是他的父亲创造了世界,但是人类却逐渐染上了恶习,因此世界才被一次次毁灭,于是托纳卡特库特利把他的儿子送到这个世界上来改造它……人们为此设立了一个伟大的纪念日,在这里我们可以看到 4 次地震的影子,因为他们担心世界会在这个日子被再次摧毁,这个纪念日就是羽蛇神消失在红海的日子,同时世界产生了灾难来临前相同的迹象。"

这些段落有力地证明了羽蛇神与亚特兰蒂斯传说之间的联系。他与墨西哥东部的一个海洋地区有关,与灾难或者说大地震有关,与洪水的故事有关,与一个古老的传说(即世界因人类的堕落而毁灭)有关。玛雅传说与亚特兰蒂斯的传说,更是有着惊人的联系。

努内兹·德·拉·维加销毁了一本玛雅语的古书,但是书中的内容还是被他引用了,书中讲述了伏坦(羽蛇神基切的名字)是如何受命前往墨西哥,使这个国家变成文明社会。带着这个使命,他离开了奇维姆的国土,来到了中美洲,建立了帕伦克城。他在先祖的家乡

游览了几次，并且留下了他在韦韦特兰河附近一座寺庙里旅行的记录，这座寺庙被称为"黑暗之屋"，努内兹·德·拉·维加声称他在1691年探索韦韦特兰时，曾经看到过黑暗之屋。（我在《美国的亚特兰蒂斯》一书中的第3章提到了墨西哥理念中关于羽蛇神的关键性描述，并且在《墨西哥之神》中对他进行了详细的研究。）

　　这些传说中所说的这样一个文明的民族确实到达了中美洲，这是肯定的。玛雅人大约在公元前200年出现在这一地区，拥有完全发达的文明，他们一定用了几个世纪的时间来完成这样的演变。他们在美国没有任何发展过的迹象，所以我们可以假设这个文明一定是在其他地方发展壮大的。就这一点就为羽蛇神曾经在中美洲居住过提供了可能性。此外上文已经表明，羽蛇神传说中的亚特兰蒂斯特点非常明显。伊克特利切特尔和其他人所描述托尔兰的建筑与柏拉图所描述的亚特兰蒂斯建筑，有着惊人的相似之处，地震和灾难也都提到过，而且作恶多端的居民也是两个地区的一个重要特征。

　　羽蛇神的父亲是托纳卡特库特利，他对父亲有一种特殊的崇拜感。代表托纳卡特库特利的符号是希帕克特里，是一个由龙或鲸构成的球体从海中升起。在玛雅神话中，他被暗指为"躺在海洋里，浑身覆盖着绿色羽毛的老蛇"。羽蛇神的母亲名叫科亚特利库埃，这个名字似乎与波塞冬所娶的为他生了阿特拉斯和其他儿子的少女克莉托，有可疑的相似之处。

　　羽蛇神很容易被拿来与阿特拉斯相比较。在墨西哥文化中，他被描绘为地球的传承者，特别是在墨西哥城、奇琴伊察古城遗址和其他地方发现的雕像中。这些雕像所展现出他的形象，基本上都是头顶着世界或者天空，玛雅考古学的权威斯宾登博士认为这些雕像是"亚特兰蒂斯人"，因为它们与希腊的阿特拉斯石像非常相似。和阿

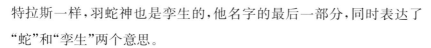

特拉斯一样，羽蛇神也是孪生的，他名字的最后一部分，同时表达了"蛇"和"孪生"两个意思。

羽蛇神可以经常回到原来的故乡，这似乎暗示着它还没有完全被淹没，是偶然的灾难才使它变得如此动荡不安，以至于统治阶级开始考虑在其他地方定居的可能性。麦克米伦·布朗教授在他的《太平洋之谜》中，也记录了类似的情况。在书中，他暗指太平洋沉没地区的文化英雄霍图·玛图阿在复活节岛上定居了。因此，羽蛇神和他的子民可能是来自安提利亚的移民，安提利亚是亚特兰蒂斯大陆的西半部，我相信，安提利亚大陆一定比亚特兰蒂斯大陆或者说亚特兰蒂斯东半部大陆存在的时间更长。如前文所述，我已经在其他地方充分论述了羽蛇神的传说。

我们发现，柏拉图所描述的亚特兰蒂斯并不是独立存在的，在欧洲和美洲的许多传说中，都可以找到相似之处，而这些传说都是从真实的殖民地中提取出来的，当我们谈到亚特兰蒂斯殖民地问题的时候，可以看到这些传说在各个殖民地中都广泛传播着。

第十章

亚特兰蒂斯的生活

从过去所发生的事情来分析，我们现在应该可以描绘出一幅合理而又可信的结论。亚特兰蒂斯在最后阶段也就是最后沉没之前的生活画面。我们已经搜集到一些关于亚特兰蒂斯早期条件的资料，现在我们需要将其"重塑"成一个整体，那就是当时的文明水平可能与科尔特斯到达墨西哥时，或者被欧洲侵略之前的中国相当。当然，唯一例外的是，亚特兰蒂斯的人民对各种金属都不熟悉。

在几个世纪的发展中，亚特兰蒂斯大陆在一个非常擅长使社会进步的种族文明机构的统治下，其面貌发生了巨大的变化。柏拉图在作品中，提到了1600多公里长的运河以及明显已经延伸到了内陆的道路。当时的环境是这样的：国家被分为多个行政州。根据法律，每个行政州的州长都有义务为陆军和海军提供足够的人员，这就导致了这样一种设想，即使很多人去耕种了，但仍有相当多的海员。不容置疑的是，亚特兰蒂斯存在着大片的荒野和沙漠地区。的确，该岛的大部分地区，仍然处于这个时代欧洲普遍存在的冻土带环境下。一座巨大山脉的存在一定会影响农业和正常的气候条件，亚特兰蒂斯岛的部分地区很可能已经被茂密的森林覆盖了。

除了都城以外，我们没有听说亚特兰蒂斯有其他城市，但毫无疑问，一定还有其他城镇存在。无论是从柏拉图的描述还是从位于西班牙韦尔瓦的英西考古学学派的研究中，我们都可以对当时流行的建筑风格有一个大致的了解。柏拉图指出，受亚特兰蒂斯人影响的建筑风格是"粗犷的"，但这种风格对于希腊人来说无疑意味着"东方的"。他告诉我们，克莉托和波塞冬的神庙外表是用银子做装饰的，神庙的尖顶是用金子做的，内部是用象牙、金子、银子、山铜或者黄铜做屋顶的。鉴于阿兹利安人对于金属一无所知，那么这样的描述肯定是令人误解的。更加安全的研究方式是依托最近西班牙人在维尔瓦的挖掘结果，并且把亚特兰蒂斯建筑看作"乱巨石堆"的类型，就像我们在迈锡尼和其他地方所看到的那样。

这种建筑是由大块的标准方形石头建造成的，被垒得严丝合缝，但大小不等。大门通常使用巨大的整块石料。"乱巨石堆"这个词也用来指由多边形构成的墙，在很多情况下，这些石块都是经过精心雕琢而成的。这种巨石结构的例子不仅存在于希腊，也存在于埃特鲁里亚和美国的许多遗址中，毫无疑问，这种建筑方式特别古老。

这种特殊建筑风格的例子，在欧洲和亚洲的许多地方都能见到，而且事实上很明显，这只不过是古代亚特兰蒂斯建筑模式的一种。把它带到欧洲的人，很有可能是向东传播的，那无疑是原始伊比利亚人，塞吉人中的"地中海种族"。我们找到最早关于这些迹象的遗址可以证明，它来自西部地区的假设是正确的。这些建筑风格在历史继承方面一定不是从东到西的，因为这些珍贵古迹的建造者伊比利亚人并非起源于地中海东部地区。通常我们说起古迹，更多的会提起伊比利亚手工制品、石圈，英国、法国和伊比利亚半岛的竖石纪念

碑和史前墓石牌坊,苏格兰的史前圆形石塔,爱尔兰的大石堡,撒丁岛的努拉吉以及类似巴利阿里群岛的建筑。研究还表明,葡萄牙的远古石碑几乎都是在大西洋海岸附近发现的,很少在内陆地区发现。

我还在其他地方提到过(《关于亚特兰蒂斯的问题》第二章和第十六章),柏拉图所描述的亚特兰蒂斯城的总体建筑规划,似乎被广泛地复制了。众所周知,古代大城市的规划和框架通常会在殖民地进行传播,欧洲和非洲的许多遗址似乎都是模仿亚特兰蒂斯模式建造的。其中最杰出的是迦太基,那里的规划几乎与亚特兰蒂斯完全相同。的确,亚特兰蒂斯和迦太基都有一座被陆地和水域包围的山上城堡,一条通向大海的运河,在这些区域上建造的桥梁都有塔楼加以防御。两个地方的码头都有屋顶,城市都被三堵墙包围着,而且都有巨大的蓄水池用来饮用和洗浴,由巨大的堤坝挡住通往港口的入口作为防御措施。

这种环形设计,"岛中之岛",以前在西非相当普遍。迦太基航海者汉诺在那个地区发现了这样规划的建筑,毫无疑问在美洲也有,特别是在墨西哥特诺奇蒂特兰的阿兹特克城还有其他地方的古建筑群。

亚特兰蒂斯是否存在金字塔的问题也随之产生了。金字塔似乎不太可能是在亚特兰蒂斯被发现的,但是埃及和美国的金字塔有可能只是后世对于亚特兰蒂斯圣山的回忆。在早期的埃及、墨西哥和秘鲁,某些山被认为是非常神圣的,是强大的超自然生物的家园。在墨西哥,圣山被认为是主管生育女神的故乡,有些地方的圣山是用石头建造的,就像埃及金字塔一样,但是在密西西比的美国原始印第安人居住的地区,圣山是用泥土建造的。墨西哥金字塔是用砖石连接的,用小土丘堆成简单的山丘。在墨西哥,这种土丘一般建在科特里切女神的儿子维奇洛波奇特利的神庙或者金字塔旁,是非常神圣的。

这些美国的金字塔像埃及一样，其中埋葬着重要人物，显然这些金字塔也是由圣山的理念发展而来的。事实上，有几座埃及金字塔被命名为"拉山"或者与之类似的名字。

因此，埃及金字塔和美国金字塔有着共同的演化史。这个想法一定有共同的起源。两个地方的金字塔都可以在亚特兰蒂斯圣山追溯到发展轨迹。此外，在加那利群岛和安的列斯群岛也发现了金字塔，这两个岛处于欧洲和美洲之间的岛链上，而亚特兰蒂斯正是其中缺失的一环。

柏拉图列出了亚特兰蒂斯岛的食物供应链。他说这个岛盛产水果、藤蔓和玉米，但是在后面的描述中，狄奥多罗斯纠正了他这一说法。狄奥多罗斯在写赫斯珀里亚（西方之地）时，那里也被认为是亚特兰蒂斯，他说岛上的居民完全不知道玉米。玉米，是克里特岛的农业女神德墨忒尔所掌控的谷物，它通常被认为是在埃及的一种相对野生的"杂草"里首次种植出来的，而且被认为是原产于法尤姆或者巴勒斯坦南部。但是，它的起源笼罩在难以理解的秘密中。事实上，它与埃留西斯秘仪和奥西里斯紧密地联系在一起。这两种文明都起源于西方，这也许可以作为它起源于亚特兰蒂斯的有力证据，虽然这种武断的判断不太明智。亚特兰蒂斯岛上生长着一种果实，有坚硬的外皮，果肉可以吃、果汁可以喝，还可以做成软膏。前文已经提到过，这种水果显然是椰子或者椰子类的物种。

肉食可以由牛、绵羊、山羊和鱼供应。广阔的平原为反刍动物提供了大片的牧场，但是马不太可能像早期那样被当作食用动物，因为那时候它曾经是一种驮畜。大象也是如此，通常用于战争。我们应该还能记得，迦太基人有很多来自亚特兰蒂斯的生活经验，他们利用大象来对付罗马人和西班牙的伊比利亚部落。

　　关于亚特兰蒂斯人对于服装和装饰品的概念，我们只能在阿兹利安人留给我们的图画中得到线索。在笔者看来，这些服装有点像米诺斯时期克里特人的服装。在欧洲大多数旧石器时代晚期的雕刻作品中，男人都是裸体的，但劳塞尔的男人却佩戴着一条窄腰带。西班牙画作中的女性却通常穿着比腰高一点儿到膝盖以下的裙子，裸露上身。从这些画作中推断，几乎所有的男性都是裸体的，甚至习惯裸体，貌似不是很合理。在举行祭祀仪式时，祭司们会穿祭祀服装。从穿着兽皮、带着动物面具跳舞的阿布里梅吉的形象，以及许多死者会裹着兽皮、穿着缝制了贝壳的皮背心的现象，可以合理证明他们在生活中也穿着类似的服装。在维伦多尔夫和布拉桑普伊发现了小雕像的头饰和埃及的头饰，非常相似。在阿尔派画作中，许多人戴着羽毛头饰，与印第安部落中使用的头饰相同。其他人戴着高三角形的帽子，有点儿像苏格兰帽，还有一些妇女戴着圆锥形的帽子，可能是用树皮或毛皮做成的。有些男人在膝盖以下和脚踝周围戴着羽毛带，就像非洲东南部的马赛人一样；也有一些男女都戴着贝壳和牙齿做的饰物。在饰品中，在饰品中，有些会着色而有些是素色的。的确，阿兹利安人的普通服装在某些方面，似乎与墨西哥的阿兹特克人以及早期地中海民族的服装相似。

　　亚特兰蒂斯拥有文学吗？如果有的话，它是通过书面文字表达出来，还是仅仅通过口头流传下来呢？从他们文明的总体趋势以及其他情况综合考虑，人们更倾向于相信书面文学、口头流传的文学都是繁荣发展的。在中石器时代的遗迹中发现的所谓字母鹅卵石，更可能是以传统和象征方式表达出来的人类形态，但这并不是说亚特兰蒂斯人中拥有更高文明的阿兹利安人没有某种文字系统、象形文字或者图画。有一个事实是，欧洲的阿兹利安人拥有某种象征意义

的东西,可以很好地证明他们在亚特兰蒂斯的同时代,至少在图画和文字方面还是很先进的。墨西哥的阿兹特克人,以此来表达他们自己的思想、记录贡品、确定宗教节日的日期,甚至记录历史事实和虚构的幻想。柏拉图说,亚特兰蒂斯的律法是刻在山铜柱上的,这意味着他已经具备某种书写体系了。

在这个问题上,也许我们可以引用赖斯·福尔摩斯博士的观点(《古代英国》,第99－100页):很多人依稀听说过,在比利牛斯山脉西部的马斯达齐尔以及其他洞穴里的彩色鹅卵石和壁画,多年以来,资深考古学家爱德华·皮埃特一直在孜孜不倦地寻找它们。在洛尔特洞穴里发现的一件物品,是刻在驯鹿角上的一幅生动的图画,上面画着驯鹿和鲑鱼,画中有两个小菱形,每一个菱形中间都有一条线。皮埃特先生说:"这位艺术家一定为自己的作品感到自豪,他甚至附上了自己的签名。"类似的,其他探险者也在罗彻贝蒂埃、拉马德莱恩和马斯达齐尔洞穴中挖出了鹿角,鹿角上刻着各种与希腊和腓尼基字母几乎完全相同的符号,而且这些符号与太平洋岛屿上发现的遗迹也很相似。这些符号不是字母,仅仅是一种象征,它们的组合方式并不能构成文字。"但是,"皮埃特先生说,"它们是符号,同时也是一种原始的文字。"从葡萄牙的洛斯穆尔西拉戈斯的一处新石器时代殖民地发现的瓦片上,可以明显看出,这是真正的文字。如果这个碎片本身可以被证明的确是来自新石器时代,那么在那个遥远的时代,一定至少有一个拥有地中海血统的人类分支,已经掌握了书写的技艺。

如果我们研究一下欧洲和美洲的文字学和符号学历史,就会发现一些事实,在经过谨慎求证之后可以得出一种倾向性结论,这些欧洲和美洲符号的某些元素起源于亚特兰蒂斯。有人认为,我们目前使用的欧洲字母体系不是起源于腓尼基语系,而是有埃及背景。但

是所有已知文字和符号体系的起源,欧洲、埃及和美国等许多用来交流符号的特征,以及要假定这些资料的连接点是在亚特兰蒂斯的必要性,是需要仔细考虑的。

已故的奥古斯都·勒普隆宣称,他在埃及象形文字和中美洲象形文字之间找到了完全一致的地方。笔者作为美洲象形文字的研究者,对于埃及象形文字了解不多,完全看不出来埃及文字与玛雅或墨西哥文字在表面上有任何相似之处,也没有办法认同勒普隆教授对于玛雅碑文和手稿的"翻译"。我相信两种文字之间一定存在着密切的联系,这种联系一旦被发现,一定会比勒普隆博士所认为的要密切得多,而且会以一种他完全想不到的方式来传播。

事实上,某些符号被一些人类学家描述为"盖形""屋顶形",这种符号在奥瑞纳文化时期的洞穴中和美洲平原印第安人的图画中都出现过,代表了野牛的形象,这是讨论的一个很好的中心点,而且几乎证明了欧洲和美洲之间的符号学是有关联的。很明显,两种动物不仅意外地有相似之处,而且由于它们在动物界所处的位置相同,这一点就更加明显了。

麦卡利斯特教授说:"人们认为这些单个的或者成组的符号证明了一个惊人的理论,那就是马格达林时期的人通过一种象征符号进化出了一种书写形式。"如果说这些来自阿尔佩拉和其他地方的画暗示了这些画作的起源的话,那就是画的作者已经发现这种书写体系了。比如,关于澳大利亚人和爱斯基摩人的图,或者是著名的《阿兹特克故事书》,通常也称之为《纳特尔古抄本》,这本书用各种图片讲述了一个英雄的故事,全书只有几个符号是以"文本"显示的。

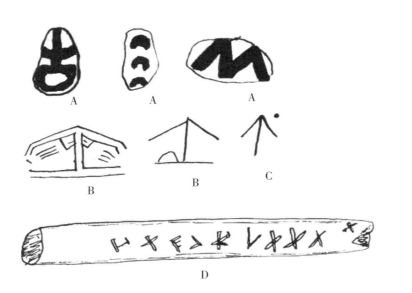

奥瑞纳文化的文字和符号

A. 刻着马斯·达齐尔的鹅卵石；B. 奥纳瑞文化洞穴中的屋顶标志；C. 美国印第安人的屋顶标志；D. 法国罗彻贝蒂埃的奥纳瑞文化铭文

在西班牙阿尔佩拉壁画的地方,出现了和中石器时代鹅卵石上完全相同的绘制符号,这有力地证明了它们曾经被用作表达一种象征意义,而且很有可能是某种名字的意思。在这些符号的上方,不止一处出现了明显的数字,而这些数字也与名称符号相关。此外,在这个特别的例子中,"屋顶形"图案显然也与这些名称和数字有关。玛雅人用来表示数字"5"的图形,与这些形状非常相似。我相信,整幅壁画的内容不仅仅记录了一次伟大的狩猎,同时记录了一些参与其中的英雄人物的名字,还记录了野兽的数量。在中石器时代文化中出现的符号,在北美印第安部落的绘画作品中几乎同样可以找到。美洲印第安人的符号无疑与墨西哥人和玛雅人使用的符号,更为相似,就像阿兹利安人与埃及人和巴比伦人一样。因此,我们只能得出

一个结论,那就是旧世界和新世界的早期图像符号可能起源于大西洋上的同一个地区。如果我们要否认这一点,那么我们就必须假定旧世界和新世界的符号分别来自不同的起源地,或者这些中石器时代符号是通过亚洲到达美洲的。第一个假设被符号学学者普遍拒绝,原因很明显:人类绝不是原始的"动物",而且就符号学来说,如果相似之处过于精确,那绝非偶然。第二种假设同样脆弱,因为我们发现在美国所有先进的象形文字体系都牢固地建立在大陆的东侧,只有现代的、破败或者退化的东西才留在了西海岸。

因此,从这些数据来看,似乎很明显,在欧洲和美国都使用了古代绘画符号系统,一定是在某个可以很容易使两者产生联系的地方起源的。这样的区域只可能存在于大西洋。事实上,正如我已经在其他地方(《关于亚特兰蒂斯的问题》,第135—139页)阐述过的,玛雅人使用的符号中,其中相当一部分与大灾难的传说有着明确的联系。此外,这些符号被现在的学者称为"积云状符号"或者"卵石形符号",它们似乎是由绘有颜色的卵石发展而来的。比如说,中石器时代文字。

我们没有理由去否认亚特兰蒂斯的象形文字艺术。因为它至少形成了一种基本的雏形,而且很有可能发展成了一种高度发达的艺术,这种艺术有助于它为遥远而广阔的阿兹特克国家服务。毫无疑问,他们有自己的民间和宗教书籍,刻在石头上或画在洞穴的墙上。正如我们所见,加那利群岛到处都是洞穴。"在那里,"奥斯本(《旧石器时代的人》,第454—455页)说,"洞穴顶部都是统一的赭石色,墙壁上装饰着各种各样的几何图案,有红色的、黑色的、灰色的还有白色的。"法国资深人类学家勒内·韦尔诺这样写道:"所有这些墙壁(戈尔达尔石窟)都有画作作为装饰。"(《在加那利群岛的五年》,第47页)

在亚特兰蒂斯的最后阶段,越来越多的证据表明,这里的古代居民拥有自己的符号体系。所有的符号学仅仅是书面表达的一个阶段,图片和文字或印刷的纸张一样,可以让我们看到许多想法。这些洞穴里的牧羊人或者猎人,似乎不太可能与亚特兰蒂斯城市居民的文化水平相当,也没有像孚日山脉的牧羊人一样,在文化上与巴黎文人相当,或者类似于遥远的西部牛仔或者波士顿或纽约的学者。

关于亚特兰蒂斯人民的礼仪和道德,我们有更大的自由可以发言。所有权威人士都一致认为,亚特兰蒂斯人的道德根本不值得称赞。事实上,柏拉图为波塞冬孩子们的道德方面描绘了一幅暗黑色的图画。但是我们必须记住,在某些方面,柏拉图对于亚特兰蒂斯是有偏见的,因为他明显是在努力将亚特兰蒂斯作为祖国雅典的陪衬,力图表明波塞冬是令人讨厌的海神后代,无论在道德还是勇气上,都无法与雅典娜的子民相提并论。然而还是有一些其他方面的因素,让我们至少可以把亚特兰蒂斯人看作一个无可指责的民族。正如我之前所说的,亚特兰蒂斯可能在柏拉图预测的时间很久之后才沉没。如果真的是那样,那么在一段时间里,亚特兰蒂斯人可能已经从野蛮的状态中取得了进步,这无疑是他们与中石器时代人不同的地方,他们的精神状况比那个时代的人复杂得多。

如果是那样,他们入侵邻国土地就说明他们的心态普遍是不好的。他们似乎沉迷于一种残忍的游戏,这种游戏所带来的只有一幅残忍的画面,与他们所谓的文化格格不入。

在许多著作中,通常把"大洪水以前的人"描述为一种罪恶的形象,这难道不是因为大家都有对亚特兰蒂斯人民臭名昭著的行为的记忆吗?他们正是同样死于洪水的一群人。《圣经》描述:神明以及其他属于上天的种族已经因为与世俗世界的人通婚而堕落了。"神

（或者说文明种族）的儿子们看到人类（土著居民）的女儿是那么美丽，于是他们就自己选择娶来为妻。"这正是波塞冬和他的儿子们所做的。《圣经》上还说："那时候地球上还有巨人（泰坦）。"人类变得如此堕落，因此造物主决定要毁灭他们。

在《古兰经》的第七十一章，诺亚被要求背诵一段祷文。这段祷文清楚地表明，按照穆斯林的传说，上古时代的种族因其罪恶而灭亡。"主啊，不要留下地球上任何没有信仰的家庭，因为如果你放过他们，他们就会引诱你的仆人，并将产生邪恶而没有信仰的后代。"据说这段祷文诺亚并没有说出口，在 950 年的时间里他一直在尝试拯救人类，直到他发现远古人类真的堕落而无可救药。诺亚又呼喊："主啊，请赦免我和我的父母，以及一切进入我家里的人，对于其他的万物请无情地毁灭吧。"在这个问题上，东方的《古兰经》评论家们持不同意见，一些人坚持诺亚在这里指的是他自己的住所，另一些人则认为他所说的住所是指他因为崇拜神明而建造的庙宇，或者当时正在建造的方舟。

《古兰经》上记载，诺亚在建造方舟的时候，经常以这种方式回应那些无信仰者的嘲笑："你们现在嘲笑我，将来我们也会像你们嘲笑我们一样去嘲笑你们，但是你们必须知道，惩罚一定会降临在你们身上，你们将会为此蒙羞，直到永远。"

在古巴比伦史诗《吉尔伽美什》中，伊阿神对苏鲁巴克人的罪恶感到愤怒，于是降下了灾难性的洪水，"泛滥的洪水淹没了所有的陆地"。希腊神话中的丢卡利翁说，大洪水发生前的人"傲慢无礼，作恶多端；他们不敬畏誓言，对陌生人不友善，也不听别人的恳求。这种复合在一起的罪恶就是他们灭亡的原因。那时候突然之间，地面涌出了大量的水……人类因此而灭亡"。奥维德著作中的人物朱庇特说："各处都出现了不断恶化的罪行，这样重复下去是没完没了的。"埃及传说中，特恩神因为人类的堕落决定毁灭他们，因此将远古深渊的水降到了地球上。在印度教神话中，毗瑟奴引洪水淹没了地球，因为"所有生物都冒犯了他"。在布列塔尼的传说中，伊斯城被洪水淹没了，因为那里的公主挥霍无度，"她的王冠是用罪恶编织而成的，史诗记载了她的七宗罪"。在阿拉瓦克印第安人的神话中，由于人类的缺点，阿蒙神降下了大火以及洪水来惩罚这个世界。类似的传说流传非常广泛，如果背后没有某一种明确的原因是绝不可能的。更有可能的情况是，这种高度一致的证据背后一定有真实的历史条件作为支撑。

最有价值的证据来自美国，耶利米·柯廷先生在《原始美国的神话》一书提到了关于摧毁罪恶的传说，以及一位美洲的印第安人所描述的：

"在我们现在生活的这个世界之前，还有一个世界。这是第一批人类的世界，他们和我们完全不同。他们的人数非常多，就算把天上所有的星星、鸟身上所有的羽毛，动物身上所有的毛发都计算在内，也没有当时的人类数量多。"

"这些人在和平、和谐、幸福的环境中生活了很长时间。没有人知道，也没有人能够给出他们以那种方式生活了多久。最后，除了极少数人之外，其他所有人的思想都改变了。他们有意无意地开始互相侵略，互相伤害，一个人想要一样东西，另一个人也想要，最终陷入了战争。战争爆发，人类还是进入了一个没有尽头充满斗争的时代，直到第一批人类除了少数人之外，大部分都变成了现在地球上各种各样的生物，如鸟类、鱼类、昆虫，以及植物、岩石和一些山脉。他们变成了我们可以在地球或者天空中能看到的一切。"

"少数没有发生冲突的早期人类,那些远古时代的伟大祖先,他们保留了理智和和谐的心态离开了地球,向西航行,越过天际线航行到了遥远的地方;有的留在了那里,有些去到了上层的区域,在那里快乐和谐地生活着,日复一日。"

当然,这种世界范围的关于亚特兰蒂斯人挥霍无度的记忆,不可能来自偶然的虚构。我们可以预测,一定有一个因罪恶而沉没的世界,就像亚特兰蒂斯一样。因此,我们或许可以一起来讨论一下柏拉图记载之前的关于亚特兰蒂斯历史的证据,这部分内容会在下文提到。

第十一章

亚特兰蒂斯国家和政治

　　从柏拉图的描述中，我们可以得到对于亚特兰蒂斯政权类型的完整描述。首先，他告诉我们，亚特兰蒂斯的 12 位国王在他们自己的领域拥有绝对权力。就他们的政权而言，他们就几乎完全需要依照亚特兰蒂斯统治者的法令执行了，这些法令刻在波塞冬神庙的山铜柱上。这让人想起了玛代王国和波斯王国的法律，我们通过《列王记》中可以了解到，他们的制度是完全不可改变的，但是在早期的社会状态中，我们可以发现一个民族的制度无法改变这一点并不罕见，这无疑是因为人们认为这些制度是来自神的，因此随意篡改制度会被认为是不虔诚的。

　　一个国家采取任何一种方式去固定特有的制度，都会阻碍这个国家在政治或者经济上取得重大的进步，而亚特兰蒂斯一定就是这样。但是，似乎还有一种可能，那就是在一段时间之内，12 座岛屿和大陆之间在制度方面很难取得类似的统一。毫无疑问，各岛之间的距离很近，不可能产生特别大的差异。国王们之所以要每六年在波塞冬神庙聚会一次，就是为了用山铜柱上所刻的文字来唤起他们的

记忆。这次聚会的主要意义是详尽讨论亚特兰蒂斯国家的事务。事实上，聚会召开的时间间隔就足以说明构成国家核心的几个岛屿之间的距离不可能有多大。虽然也有另一部分人会说，会议之间的这种时间间隔是以群岛之间间隔的距离作为先决条件的。

我们也可以从柏拉图的描述中观察到，亚特兰蒂斯的政权与它的宗教之间有着密切的联系，政权的性质非常神圣，国王也扮演着牧师或者祭司的角色。国会实际上就是波塞冬神庙。由于制度已经准备好了，因此他们很高兴无须在聚会的场合辩论这些制度。这些规则在某些方面似乎预示了美国的宪法，因为美国的几个州也是不允许拿起武器伤害彼此的。

阿特拉斯的孩子们被授予军事上的领导权。这个国家的政权似乎是建立在封建制度的基础上的，确实值得注意的是，正是在这些最初被亚特兰蒂斯殖民的国家中，后来才产生了封建政权的理念。亚特兰蒂斯是按照州或者省划分的，每个州的面积大约为 31 平方公里，都配备有一支武装部队。农业用地大概可以装备约 6 万名士兵，但是据说内陆山区提供了无数的战士。正如我们所看到的，每个州必须配备的战斗人员包括车夫、骑兵、步兵、弓箭手、射石手和水手，特别值得注意的是，这支部队只从国家的中心岛抽取，国家的其他部分是有独立的军事经济的。

从我们所掌握的证据来看，对于亚特兰蒂斯的统治者来说，权力中混杂着焦虑，尤其是在动荡时期开始显现出来。读者应该还记得威尔士传说中的一段话，提到了一段关于亚特兰蒂斯叛乱的记忆："我不会救赎有护盾的人。他们不知道打击哪一天会到来……他们只知道头戴粗大头饰、项圈上有 7 个凸起刻痕有斑纹的公牛。"如前文所述，这显然是一个统治者的抱怨，他对于平民武装人员对公牛的无

信仰状态表达了强烈的愤怒。它似乎指的是亚特兰蒂斯历史上的一段时期。那时，人们已经听腻了祭司的理念，并且对于这种压迫性的仪式和兵役制表现出了不耐烦。于是这个时候，亚特兰蒂斯的统治阶级，可能与其他地方的统治阶级一样，为了避免在国家内部发生自相残杀的惨剧，他们试图转移人民的注意力，于是提出了一个伟大的对外征服计划。通过外部侵略，他们可以占领临近的欧洲地区，甚至可以让国内最卑微的人获得财富。

毫无疑问，他们也受到邻国的威胁。例如，亚马孙人，他们可能是一个庞大的部落，部落一般不是由女性组成就是由女性统治，或者雇用女性士兵。根据狄奥多罗斯的记录，他们曾经组织了一支庞大的军队攻击亚特兰蒂斯，甚至制服了他们。而另一个临近的种族高卢人，也同样压迫过亚特兰蒂斯人。毫无疑问，由于被野蛮敌人的包围，亚特兰蒂斯人被迫长期生活在武装警戒的状态中，这种状态比其他任何情况都容易造成人民动乱和国家解体。

我们在柏拉图和其他作家的著作中了解到的关于亚特兰蒂斯的国家和政权，基本上没有反映出古代作家所描述的任何地中海形式的政府。必须强调的是，关于亚特兰蒂斯的最原始的资料来自埃及。在柏拉图口中关于对萨伊斯祭司的描述中，不得不说的是，我们发现了很多像是模仿埃及思想理念的东西。的确，亚特兰蒂斯的各个省可能是由古埃及的省演化而来的，而且亚特兰蒂斯的军事经济与一些尼罗河国家有相似性。从另一方面来说，法老在埃及是至高无上的。因此，柏拉图的描述中所提到的国王会议在埃及是不可能存在的。在埃及，君主是被视为神的，而各个省的统治者尽管享有很大的权力，但不会认为自己和法老享有同样的地位。在我看来，这也许是判断亚特兰蒂斯真实情况最强有力的理由，从它最基本的可能性入

手,我们就会发现,非洲、亚洲或者欧洲的任何一个国家,除了一些极小的相似之处,都没有达到柏拉图同时代的条件。

我们发现,在亚特兰蒂斯力量最初生根的国家,与柏拉图所描述的状态相符的情况非常多。例如,在早期的大不列颠和爱尔兰,我们就发现了这种柏拉图式征服。在英国岛屿和高卢,如果参考最早的历史记载,我们会发现大量的人民生活在贵族的严厉统治之下,贵族把他们看作农奴,这个国家被分割成了类似州的区域,由不同的州长统治,并且施行兵役制度。在这种制度下,会精确配置步兵、车夫和弹弓手,就像在亚特兰蒂斯一样。我们也知道,这些民族都认为制度是出于神的授意制定的,是不可改变的,任何一件国家大事都是通过祭司的占卜决定的。恺撒曾说:"在高卢,只有两个等级的人拥有管理公共事务的权力,那就是德鲁伊教和贵族。平民们并不比奴隶受尊敬多少,他们都是不允许参加讨论的。"随后他还说,德鲁伊教徒拥有所有与占卜事物有关的决定权,拥有牺牲公私财物的权限,以及对于宗教的解释权。德鲁伊教众聚会的方式也让人联想起波塞冬神庙里的聚会,他们每年都要在高卢中央一个神圣的地方举行一次全体集会,所有有权参与讨论的人都聚集在那里,使人们服从他们的判决。在西班牙也有类似的情况。事实上,在最早的历史时期,从伊比利亚半岛到奥克尼群岛的整个地区,都是由一种类似于柏拉图描述中所提到的分配方式来支配,这种方式在柏拉图的描述中被频繁地提到,因此它很有可能是一种典型案例。相反,希腊的自由共和国并没有这种情况出现。如果埃及是这样执行的,那么在某种程度上可能是因为它也吸收了亚特兰蒂斯大部分的文化精髓。

第十二章

亚特兰蒂斯的宗教

关于在亚特兰蒂斯兴盛的宗教类型,柏拉图的描述为我们提供了一些非常精确的细节。例如,我们获悉,每六年举行一次特别的仪式,国王们来参加并且集中商讨一些事情。在实施最终判决之前,10头公牛会被带进圣地,亚特兰蒂斯的每一位国王都会宣誓,不使用铁器,将其中一头公牛献祭给波塞冬。在公牛被拉到刻有法典的铜柱前完成献祭后,国王们会把每头牛的肢体放到火中,举行奠酒祭神仪式,把血浇到铜柱上。至此,祭物就完全被火焚烧掉了。剩下的血会被放在金色的小花瓶里,其中一部分洒到火上,另一部分被喝掉。

我们也知道公牛是奥里格纳西人的圣物,正如在许多洞穴和庙宇里显示的那样,毫无疑问,祭祀时是用公牛作为祭品的。崇拜公牛的宗教最早可能是从西欧开始的,当然在那里也是传播最广泛的,后来众所周知传播到了埃及。让我们简单研究一下埃及人对公牛的崇拜,看看是不是能从中揭示一些亚特兰蒂斯祭祀的情况。

古埃及祭司和历史学家曼涅托的说法,证明了这种对公牛崇拜是古老的。他将崇拜公牛的历史一直追溯到公元前 3000 年前后的第

二王朝的一位国王埃利安。事实上,再往前追溯,这种习俗最早是由埃及第一个王朝的第一位国王米纳实施的。当然,这一切都意味着这种崇拜习俗可能非常古老。因为埃及几乎所有事物都被认为是由伟大的英雄米纳开创的,他是尼罗河地区文明的创始人。希罗多德所描述的神牛是黑色的,前额上有一块白色的方形斑点,背上有鹰的形状,尾巴上的毛是普通牛的两倍重,舌头上有甲虫的标记。埃及人相信,冥王奥西里斯的灵魂在死后变成了一头公牛。当这头公牛死后,必须要找到一头有着相同印记的小牛,这样死神的灵魂才能继续活下去。

我们可以观察到,对冥王奥西里斯的崇拜以及随之而来制作木乃伊的习俗起源于西方。事实上,这只不过是因为奥里格纳西人相信灵魂存在于骨头中,如果灵魂要生存,骨头必须小心保存。很明显,这种特殊的信仰一定是与其他奥里格纳西人对公牛崇拜相结合,因此,发现奥西里斯的宗教与公牛崇拜有关,而且他本人也认可公牛崇拜也就不足为奇了。

我们发现埃及的公牛会被视为神谕,它的每一个动作都会被解释为有一些特殊含义。我们还发现,用公牛当作祭品清楚地表明,人们认为它属于动物界中的领袖阶级,原始人认为它是动物界"人民"的首领或者"国王"。例如,美洲印第安部落习惯于向大鹿祈祷,祈求它把它的"子民"作为猎物送给他们。因此,每当有鹿被射杀,他们都会觉得非常欣慰。同样的,一些原始的捕鱼人也会恳求大鱼把它的鱼群子民引入他们的网里。在古代秘鲁,一个大土豆的母体就会被当作所有土豆的原型,一个玉米的母体会被当作所有玉米的祖先,等等。当时的奥瑞纳人似乎有一种习惯,那就是崇拜为他们提供肉食的公牛。这种观念逐渐传入埃及,埃及人可能渐渐不再理解或者也可能忘记了它最初的意义。

　　很明显,亚特兰蒂斯的公牛崇拜制度已经渗透到了这个沉没岛屿曾经毗邻的所有国家。宗教比较学科的学者开始认识到这一点——任何理论如果不在一个特定范围内考虑其风俗、宗教或者其他方面的起源,那么这项研究就几乎是没有价值的。如果这一点被认可,那么很明显,崇拜公牛的起源就必须从一个特定的领域内寻找。这就意味着从英国到印度,崇拜公牛的习俗起源于亚特兰蒂斯。当人们发现在西班牙防腐工艺的起源与它有关,而在埃及木乃伊的习俗也与它有关,那么我们就不用怀疑埃及和奥瑞纳文化的宗教一定有共同的起源。如果我们相信奥里格纳西人来自亚特兰蒂斯,那么一定是他们带来了崇拜公牛的习俗,而且我们一定能在柏拉图所描述的亚特兰蒂斯的故事中,找到事实的证据。的确,从对西班牙、法国、英国、克里特岛和埃及的牛崇拜现象的比较研究中可以得出,它起源于沉没的亚特兰蒂斯。根据柏拉图所描述的细节,亚特兰蒂斯的传说来自埃及。我们也在埃及发现所有的庆典上都有祭祀公牛的习惯。

　　柏拉图所描述的亚特兰蒂斯崇拜公牛的习俗,是由希腊崇拜巴克斯的类似献祭活动中演化而来的,这一点可以从关于巴克斯的狂欢仪式中判断出来。在巴克斯所处的时期,早期的酒神巴克斯以公牛的形象出现。甚至在欧里庇得斯时代的马其顿,巴克斯以他的公牛形象受到人们的崇拜。即使在柏拉图的时代,也非常有可能用俄耳浦斯神话中发生的事情,来描述亚特兰蒂斯人祭祀公牛的习俗。

　　波塞冬与公牛的关系让我们想到了亚特兰蒂斯众神的关系。公牛的形象是波塞冬的特殊象征,公牛是他的祭品,在我们的印象中他是地震和汹涌的大海之神,公牛与波塞冬之间寓意的关系似乎非常

清晰。毫无疑问,从很早的时候开始,公牛就被认为是愤怒的化身,这种咆哮的野兽踩踏大地造成震动,可以说,与它联系在一起的画面就是大地震动和狂风暴雨。也许人们认为波塞冬就是一头公牛,就像其他神最初也被认为是一种动物一样。而他在古典艺术中的魁梧身躯无疑为这种假设增添了一些色彩。不管怎样,公牛都是最适合波塞冬的野兽形象。

波塞冬本人被希腊人认为是一位皮拉斯基神或者亚洲神,他的形象有点儿像亚述人的大衮,而大衮的鱼尾在亚述人和巴比伦人的雕塑中非常突出。迦太基的腓尼基人也崇拜大衮,因此似乎有这种可能,就像奥西里斯起源于西方一样,波塞冬也起源于西方。首先,和其他泰坦族一样,他也来自西方,而且大量与他有关的传说都把他与西部地区联系在一起。此外,在柏拉图的描述中,我们发现他与亚特兰蒂斯的联系最为密切。传说在亚特兰蒂斯,他的神庙是岛上最主要的礼拜场所。

阿特拉斯通常会与特定的神捆绑在一起,而这些神的名字至今仍然与现存的国家联系在一起,这就很清楚地表明,阿特拉斯的名字并不仅仅是通过柏拉图式的想象而与亚特兰蒂斯联系在一起的。在希腊神话中,我们发现他和他的泰坦兄弟,即大不列颠和爱尔兰的巨人神——阿尔比昂和提比略,以一种非常明确的方式被列为一类。我们假设三位神构成了群岛万神殿的一种。这三个巨人都是泰坦,正如我们所知,泰坦只是西方的神。泰坦神话对我们的研究具有重要意义。我们发现这些神与大西洋地区有着不可分割的联系,其中至少有两个神的名字仍然与大不列颠群岛有关。如果认为是希腊人发明了某些神或者泰坦的名字,并且把他们强加给英国和爱尔兰作为保护神,这是非常荒谬的。事实上,大家都知道阿尔比昂和提比略

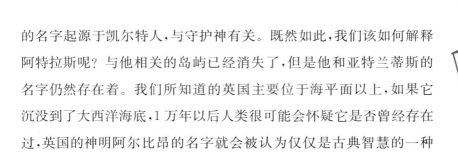

的名字起源于凯尔特人，与守护神有关。既然如此，我们该如何解释阿特拉斯呢？与他相关的岛屿已经消失了，但是他和亚特兰蒂斯的名字仍然存在着。我们所知道的英国主要位于海平面以上，如果它沉没到了大西洋海底，1万年以后人类很可能会怀疑它是否曾经存在过，英国的神明阿尔比昂的名字就会被认为仅仅是古典智慧的一种结果，从而导致所有"明智"的人都被认为只是一种神话传说。

　　我们似乎可以找到明确的证据，表明泰坦万神殿起源于大西洋地区，众神的名字至今仍然与他们所统治的岛屿联系在一起。这些岛屿的名字源于对一种古老而强大的宗教记忆，这种宗教不仅广泛影响了当时存在的大西洋群岛，而且蔓延到了地中海地区。

　　通过我们观察地中海各国人民对于大西洋地区的尊重程度，可以得知这一理论丝毫没有被削弱。因为他们在传说中把幸运的岛屿和赫斯帕里得斯的花园都安置在那里。在那里，海风吹拂着幸运之岛，大地开遍了金色的花朵，岛上的居民主要都在忙于马术和音乐方面的活动。这些古老的业余爱好在亚特兰蒂斯人中很受欢迎。在希腊神话中，幸运岛通常与赫斯帕里得斯群岛或者说金苹果岛混淆在一起，位于欧塞克斯河上，也就是现在非洲的西北海岸。在琉善所写的《梅尼普斯》中，可以找到许多关于幸运岛生活状态的细节，这些细节是诗人基于当时流行的迷信观念被教导加上去的。

　　通俗来讲，一般都认为死者会去往西方，我们在其他章节中将会发现，很多复杂的思想构成了作者所说的亚特兰蒂斯情结。但是我们在这一章来概括总结，不仅是因为我们现在讨论的主题是宗教部分，而且还因为这部分的证据比其他方面的证据更加令人怀疑，而其余的证据似乎已经证明了曾经的确存在过亚特兰蒂斯这样一个复杂的结构。

　　我们发现,大西洋地区不仅存在着一种有理有据的记忆,可以证明那里曾经存在着一种伟大的宗教,而且部分接受了这种宗教的人还把这种宗教曾经繁荣发展的地方当作天堂。基于我们对于迦太基宗教的知识了解得并不完整,因此我们没有办法确定这些定居在非洲西北部的亚洲人,接受当地关于亚特兰蒂斯信仰的程度有多高。但有一点毫无疑问,那就是许多古典作者也承认,当地的许多基本思想与地中海种族流传出来的神秘宗教是有关联的。比如说,那些卡布里人在到达希腊之前经过了迦太基人严峻的考验,但他们与迦太基人的故乡巴勒斯坦没有任何关系,这一点是非常清楚的。

　　亚特兰蒂斯万神殿应该不仅仅有阿特拉斯本人,还有他的九个兄弟、他的母亲克莉托以及他的兄弟萨图尔努斯。这些人或多或少都与星座有关。阿特拉斯本人被暗指为一位伟大的天文学家,这可能只是意味着他的万神殿与天上的星座密切相关。就像古代基督教的迷信观念相信星星都是堕落的天使,巴比伦人把他们的神与某些行星联系在一起。因此,亚特兰蒂斯人也有可能把他们的神与各种星星联系在一起。狄奥多罗斯说,阿特拉斯的儿子赫斯珀洛斯成为晨星,他的女儿阿特兰提斯成了昴宿星的星座,他的兄弟萨图尔努斯成了土星。一旦在人格或者神性上与行星联系在一起,他们就会被认为是强大的神,不断努力引导人类的行为,使他们与自己宏伟计划的路线和谐一致。世界和谐的概念从这里开始建立。人类必须与更高层次的力量保持一致。当然,这一概念即使在古代的著作中出现过,那也一定是出现在柏拉图的著作中。他的继任者就对这方面的信仰写了许多评论。在他讲述亚特兰蒂斯故事的作品中,他概述了这些信仰。

　　由此我们可以得出一个假设,亚特兰蒂斯的宗教和占星术密切相关。古代占星术很大概率起源于巴比伦平原，这已经成了一个不言自明的事实。事实上，直到今天人们仍然普遍认为，卡尔迪亚王国的金字塔是世界上最早的天文台。但是对于恒星知识的研究一定是在幼发拉底河文明之前很久就已经开始了。从最初，恒星永恒的光辉就印在了人们的眼睛和头脑中，这些一定引起了他们的兴趣，也使他们迷惑不解，又或者他们麻木地接受了这种现象，认为通过神话故事就可以解释。

现在掌管这 20 个星座的 20 位神都能与某些恒星或者行星相匹配。例如，羽蛇神匹配的是金星。值得注意的是，月历中的几个神可以等同于亚特兰蒂斯万神殿中的某些成员。例如，羽蛇神等同于阿特拉斯，这一点已经证明过了。科亚特利库埃（地母神）等同于克莉托，而且特拉洛克、特斯卡特利波卡以及苏凯琪特莎（繁殖女神）都有亚特兰蒂斯式的意义，他们的传说和象征意义已经在这本书的其他部分证明过了。

我们也发现中美洲的阿兹特克人和玛雅人使用了一种方式，计算出金星的旋转与亚特兰蒂斯有着明显的联系，可能是因为这颗行星与羽蛇神有着特殊的联系。据说羽蛇神来自大西洋的某个地方，他和阿特拉斯一样，肩负着整个世界。希腊神话向我们证实，亚特兰蒂斯岛的神与恒星紧密联系在一起，而且阿特拉斯是一位伟大的占星家。我们也在美国找到了与阿特拉斯同等地位的另一人，他与阿特拉斯的属性完全相同，被视为大西洋地区中美洲占星体系的创造者（他把占星术带到了中美洲海岸）。如果要证明中美洲占星术的起源并非来自亚特兰蒂斯，那可能需要列举大量的反面证据。

因此，我们可以想象亚特兰蒂斯宗教是与泰坦万神殿联系在一起的，并且在占星术方面有紧密的联系。这些不仅仅是猜测，而是基

本的事实。欧洲较古老的神，例如，亚特兰蒂斯的一些神明与泰坦族神明齐名，这与他们所统治的地区有关系。仔细研究一下欧洲巨人的传说，就会发现前泰坦万神殿是存在的。值得注意的是，大多数与这些巨人有关的传说，都说他们来自西方的海洋。费摩尔人就像他们的名字所暗示的那样，意思是"海里的人"。希腊巨人有着相同的起源，西班牙传说中的巨人几乎总是居住在海岛上，而康沃尔郡的巨人似乎与沉没的里昂内塞有关。盎格鲁－撒克逊语中的"爱丁"至今仍然存在于苏格兰传说中，与斯堪的纳维亚语中的"霜巨人"一词完全相同，在语言学上等同于"泰坦"。这些联合词都可以追溯到梵文词根"tith"，意思是"燃烧的"，这些词表达的意思显然与火灾或者地震有关。从神话中得知，泰坦与雷电的锻造以及地面震动有更深层次的联系，并非只有希腊才有众神与泰坦之战的故事。在爱尔兰神话中，大部分讲述的是弗摩尔人与达努神族之间的战争，在英国则是亚瑟王和他的骑士们（每一个人都可以被列入凯尔特万神殿）与英国巨人之间的斗争。毫无疑问，这些众多传说的起源都可以在亚特兰蒂斯的故事中找到。亚特兰蒂斯岛上身材高大的人就是那些"巨人"。中石器时代，他们的后代崇拜高大的身躯，在不同时期入侵了欧洲，并且留下了很多故事。故事中，他们的形象都是身材高大、穿着兽皮、挥舞着棒子，世世代代都在与新种族进行激烈的斗争，被消灭或者被吸收。

关于欧洲特别是西方部分的巨人传说更详尽的研究，很有可能会为对亚特兰蒂斯传说的研究打开一扇光明的大门，特别是仔细观察传说起源的核心——泰坦与众神之间的战斗。这些研究可能会带来一些好的结果。因为给我们带来了关于泰坦和诸神的一般性特征的更具体的信息，从而启发我们对亚特兰蒂斯万神殿的认知，一切传说大概就是从这里产生的。欧洲历史上的巨人要么居住在洞穴里，要么是居住在一个岛上，或者在崎岖不平的高山上修建一座城堡，然后在城堡里安家。这些住所的本质在某种程度上表明了与之相关的故事起源于亚特兰蒂斯。如果仔细检查这些记录，毫无疑问可以证明研究结果是正确的。事实上，我们的双子岛阿尔比恩和提比略的同名神，与亚特兰蒂斯之神阿特拉斯的形象一起被纳入古典神话，这一点就足以使那些对这种研究有所怀疑的人改变态度。

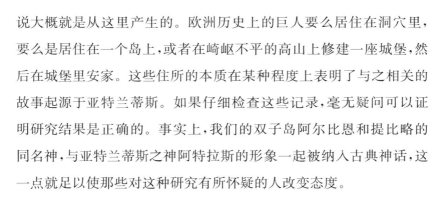

有一个历史时期幸存下来的宗教体系具有某些特征，就像前文所假定的那样，这些特征似乎将其与亚特兰蒂斯岛的宗教联系起来。这个宗教就是德鲁伊教。现在大家都知道德鲁伊教并非起源于凯尔特，而是起源于伊比利亚。恺撒在一篇著名的文章中说，人们认为它起源于英国，后来被带到高卢。那时伊比利亚人似乎已经建立了德鲁伊教体系。正如前文所说，伊比利亚人是阿兹利安人的直系后裔，是亚特兰蒂斯岛移民潮之一，所以德鲁伊教似乎很可能是进入亚特兰蒂斯岛宗教的最后一个阶段。我们知道，这个宗教在西班牙和加那利群岛（亚特兰蒂斯最后的陆地遗迹）也留下了痕迹。

《德鲁伊教》（古英国，第289页）的作者赖斯·霍姆斯在书中这样写道："人们认为凯尔特人的一些习俗不是从雅利安人那里学来的是有道理的，因为没有任何证据表明，罗马人在第一次遇到高卢人时曾经听说过这些习俗。"

我们了解到，德鲁伊教与亚特兰蒂斯宗教有很强的相似性。关于这个教派最初的记载清楚地表明，在恺撒的时代它已经是受人尊崇的宗教了，在凯特尔万神殿的后面隐约可见一些伟大的人物，如梅林、克罗姆·克鲁奇、达格达和巴洛尔。这表明，德鲁伊教曾经也有一座泰坦万神殿。人们认为德鲁伊教的永生观念是受毕达哥拉斯的

影响,正如狄奥多罗斯和提玛格尼斯所暗示的那样,毕达哥拉斯的符号,或者更确切地说,毕达哥拉斯的符号之一在一枚英国未镌刻的金币上被发现了。奇怪的是,如果德鲁伊教坚持毕达哥拉斯学说,那么在它现存的文学作品比如说威尔士传说中就应该有很大篇幅的体现。德鲁伊教派阿布雷德,它以三个同心圆的最内层代表德鲁伊宇宙中产生的所有星体。权威人士认为,这与毕达哥拉斯学说有关,但实际上还是有很大不同的。德鲁伊教众们相信西方有极乐世界,这再次表明他们的信仰起源于亚特兰蒂斯而不是希腊。

我们还发现,德鲁伊教也有一个"山铜柱",就像亚特兰蒂斯的波塞冬神庙一样。这根柱子是19世纪末美国科学院在科利尼做研究时发现的。柱子上刻着一种历法,根据月亮的运行周期,标记着幸运和不幸的日子。但是大家对于铜柱上使用的语言是有争议的,一些权威人士认为它是凯尔特语,另外一些人则认为它是利古里亚语。利古里亚人和凯尔特人完全不同,他们与法国的老年人群体有关。此外我们还发现,根据普林尼的说法,德鲁伊教在从橡树上砍下神秘的槲寄生之前,会献祭白色的公牛。就像在威尔士传说中发现的那样,我们在德鲁伊教诗歌的遗留篇中也发现了一些迹象,故事中反复提到的情节明显适用于亚特兰蒂斯历史上的某些阶段。看起来就像我们之前说的那样,德鲁伊教是古代亚特兰蒂斯宗教的最后阶段。

笔者经常感到奇怪的是,欧洲的神智学者应该试图从东方的资料中推断他们所支持体系的起源,就像现代神智学的创始人坚信的那样,这一体系的起源一定就是亚特兰蒂斯。对作者来说似乎一直有一项额外的工作是证明古代世界起源于东方,居住在亚特兰蒂斯大陆上的人强调其东方起源,并且拥有大量关于过去的证据。通常来说,神学家和奥秘派更加关心的,不仅仅是找到亚特兰蒂斯宗教和哲学起源的证据，而且要深入研究亚特兰蒂斯体系的遗迹，就像观察我们自己岛上的德鲁伊宗教一样。也许，这句古老的谚语"远方的鸟才拥有美丽的羽毛"更适合现在的奥秘派。我们发现，研究奥秘派的学者深入研究吠陀、佛教和埃及宗教的教义时，他们几乎完全忽视掉了那些离他们更近的资料，有一些可以说就在他们家门口，这些资料的碎片都可以从英国的民间传说中收集到。也许有人会说，在吠陀著作中或者埃及的《死亡之书》中，学者们找不到类似的文学作品。这个辩解理由非常苍白无力，因为学者们完全可以在威尔士传说、爱尔兰传说以及宏大的史诗中找到类似的文学作品；即使数量没有很多，但至少内容是同样神秘莫测的，其中包含了大量早期基督教思想及其相关的德鲁伊教内容。神智学者和研究世界宗教的学者应该从源头出发，而不是哪里资料丰富就从哪里出发。这并不是说他们应该忽视这个主题的印度和埃及阶段，而是说他们应该更注重后期的东方文化而不是早期的西方神秘主义，在笔者看来，重点研究早期的西方神秘主义是不正确的选择。我们在 25000 年前的旧石器时代晚期发现了神秘主义的萌芽。埃及的整个宗教信仰，以及与之相关的木乃伊仪式都是从这个萌芽中孕育出来的。这些证据是无法反驳的。那么，奥秘派的学者难道不应该从亚特兰蒂斯的源头去仔细研究这段历史吗？

第十三章

亚特兰蒂斯的动物

　　比起讨论亚特兰蒂斯到诸王的历史，在关于亚特兰蒂斯的动物和植物的问题方面，我们有更加可靠的基础。因为我们掌握了一些非常有把握的数据，根据这些数据可以建立非常健全的假设。首先，沉没的亚特兰蒂斯的碎片——亚速尔群岛和加那利群岛，仍然漂浮在海面上，这两个岛上的动物群体以及植物群体为我们提供了大量的资料。通过这些资料，我们可以讨论出亚特兰蒂斯岛上动物生活的大概环境。其次，我们可以对比西欧和美国东部的生物环境。如果我们可以从中发现相似之处，那么我们就可以假设，以前在大西洋地区存在着一种生物学的联系，而且两个地区所具备的环境一定有很大的相似之处，也许曾经是连接在一起的。

　　我们必须记住，在亚特兰蒂斯历史的各个阶段，动物和植物的生存条件并不相同，就像欧洲和美洲，在不同的时期气候变化也是阶段性不同的。与此同时，我们可以想当然地认为，冰河时代的循环周期，无论其持续时间长短，对亚特兰蒂斯的气候几乎不会有什么大的影响。虽然同样毫无疑问的是，它还是对岛上的气候条件产生了一

168

定影响的。鉴于我们正在研究的是亚特兰蒂斯在冰河时代之后的历史，那么我们只要考虑那段时期的环境条件就足以达到我们的目的了。

很多文献都围绕着亚特兰蒂斯的动植物生活问题展开过研究。如果我们先把自己的研究范围限定在大陆动物群中，就会发现亚速尔群岛上动物生活的问题引起了人们极大的兴趣。亚速尔群岛的名字本身就是"鹰岛"的意思。如果在这个岛被发现的时候就有大量的鹰在岛上繁殖，那么可以肯定地说，在亚速尔群岛曾经属于亚特兰蒂斯的时候鹰也是在繁殖的。这就意味着，这些鹰赖以生存的动物，主要是啮齿动物、兔子和老鼠等，也一定大量存在。地理学家似乎在这个岛屿群于1439年被正式发现之前就已经知道它了。在1345年，在一位西班牙修士出版的一本书中，亚速尔群岛确实被提到过，而且给出了其中几个岛屿的名字。10年后在威尼斯出版的一本地图集上，其中几个岛屿的名字被命名为哥伦比亚岛，或鸽子岛（现在的皮科岛）、卡普里亚岛或山羊岛（现圣米格尔岛）、圣伊利亚岛或兔子岛（现弗洛雷斯岛）、科尔维马里尼岛或海草岛（现科沃岛）。这些名字表明，这些岛虽然长期与欧洲隔绝，但是通过各种盛产的动物还有鸟类，它们仍然广为人知，而且在它们被正式发现之前，这些物种肯定已经在那里繁衍了无数个世纪。

确实有人认为兔子可能是从美洲到达亚速尔群岛和欧洲的。奥斯本教授、马霍尔博士以及林蒂克，指出了非洲和美洲兔子形态之间的联系，并由此得出结论，这个物种一定是从一个大陆迁移到另一个大陆的。沙尔夫教授相信，连接非洲和南美洲的大陆桥一定是坐落在大西洋岛屿更南边的地方，但是，从北非到欧洲南部与大西洋诸岛相连，南美洲的物种可以通过这条相当迂回的路线到达马德拉群岛

和亚速尔群岛。但是，难道兔子和其他鼻子狭长的物种不是起源于亚特兰蒂斯，然后向东西方向分别传入了美洲和非洲吗？正如沙尔夫教授所言，如果连接这两大洲的陆桥位于大西洋群岛以南，那么要解释兔子在温带北纬地区大量存在的事实似乎有点儿困难。我们发现，啮齿动物物种在反复出现的冰河时代多次入侵欧洲地区。事实上，麦卡利斯特教授认为，随着冰期的临近，森林开始被草原所取代，这些小型啮齿动物总是会回到欧洲的土地上，正是它们的存在划定了后来的间冰期。与此同时，众所周知的是，兔子在澳大利亚这样温和的气候中极其繁盛，而亚特兰蒂斯岛的气候一定与澳大利亚的气候有某种普遍的相似之处，所以要解释为什么这个物种会从温和的气候迁徙到冻原环境偏多的地区，似乎有点儿困难。实际上，兔子很有可能起源于亚特兰蒂斯，因为那里是最适合兔子生长和快速繁殖的栖息地，后来由于繁衍数量过多，兔子们为了生存而斗争，被迫进入了不那么适宜生存的地区。

人们也多次指出，欧洲第三纪的食肉动物与美洲的食肉动物有着密切的关系。欧洲大西洋岛屿有些动物的物种灭绝了，但是有可能在第三纪与亚特兰蒂斯最终沉没中间的几百年时间里，它们就已经被一个文明种族完全铲除了，就像狼在英国被铲除一样。

偶尔也会听权威人士说，亚特兰蒂斯可能是所有动物生命的摇篮。鉴于我们对这个问题缺乏了解，因此对于这种说法采取了慎重的考虑态度。然而，现存的情况显示，物种起源于亚特兰蒂斯的可能性不大。例如，鳗鱼的迁徙就为这一假设增添了色彩。丹麦生物学家约翰尼斯·施密特博士非常关注鳗鱼的迁徙，他更倾向于认为，鳗鱼可能起源于亚特兰蒂斯遗址周围的海系。母鳗鱼每年离开我们的海岸，把它们的卵产在巴哈马群岛和欧洲之间的大西洋，之后它们就消失了,但是它们的幼鳗会回到6400多公里以外的河流中。在将近三年的时间里,它们一直坚定地沿着固定线路游向英国海岸,而以脊椎骨较短著称的美洲鳗鱼则回到了自己的国家。这似乎表明它们有一种本能,欧洲和美洲鳗鱼都会遵从这种本能回到最初的繁殖地。

斯堪的纳维亚的旅鼠也有类似的现象。旅鼠是一种小型啮齿动物,它们似乎周期性地有一种向南迁徙的冲动。在此期间,无数的旅鼠离开挪威海岸,游到大西洋深处。当它们到达冲动召唤它们去的地方,就会一直在那周围游来游去,仿佛是在寻找那片本能告诉它们应该在那里的土地,但最终它们还是疲惫不堪地沉入了海底。大批的鸟类也会有类似现象,最终筋疲力尽地坠入大海。英属圭亚那拥有美丽的红花翅膀的粉蝶,据美国博物学家威廉·毕比博士的描述,也会遇到类似的海洋召唤。每年,雄性粉蝶都会进行这种飞行,穿过巨大的云彩飞向大海。如果这些迁徙不能被解释为动物们想要回到沉没的亚特兰蒂斯的冲动,那么我们确实无法给出更合理的解释。

著名的生物学家,两位斯莱特先生,在他们的著作《哺乳动物地理学》中,把大西洋中部地区划分为地球生物区域的一个独立部分,他们把这个区域称为"中大西洋"。他们将僧海豹和海妖塞壬这两种海洋动物划分到这个区域。这两种动物在开阔的海洋区域并不常见,但在陆地附近却总能找到它们的身影。僧海豹中的一种生活在地中海,另一种生活在西印度群岛;海妖塞壬则常见于西非的河口、南美海岸以及西印度群岛。由此可以推断,它们的祖先必然分布在一些沿海地区,这些地区"在不远的将来把旧世界和新世界连在了一起"。

柏拉图告诉我们,大象是亚特兰蒂斯居民。在我看来,与大象有关的这段话很有可能是揭示柏拉图著作历史价值的段落之一。大象

在相对较早的时期就从欧洲消失了,在旧石器时代晚期可以看到古埃及象,在旧石器时代中期或克罗马农人的时代可以看到原始埃及象。在西班牙索里亚省的托拉尔瓦,马奎斯·塞拉尔沃发现了古埃及用象骨头制作的手工艺品。如果在我们所研究的期间,这种动物的确存在于西班牙,见证了亚特兰蒂斯人的移民,而且通过一座至今仍然存在的路桥来往于欧洲大陆与岛屿大陆之间,这并非不可能。后来,大象就在欧洲灭绝了,但是在与世隔绝的亚特兰蒂斯仍然繁衍着。然而,我在加那利群岛或亚速尔群岛上找不到它以前存在过的任何痕迹。当然,目前在这些群岛中进行的发掘工作是非常敷衍的。因此,如果后续进行大规模的发掘工作的话,可能会出现令人惊讶的进展。无论如何,大象可能确实存在于亚特兰蒂斯。如果它们没有在那里存在过,那么柏拉图所传下来的埃及传说根本不可能提到它们。在埃及,大象不是一种为人所熟知的动物,尽管埃及人知道大象生活在非洲中部。因此,萨伊斯祭司不太可能仅仅为了让他的故事更加精彩而引入大象这种动物。

从亚速尔群岛和加那利群岛上比较低级的生命形式中,我们可以很好地了解亚特兰蒂斯的类似生命是如何出现的。例如,我们发现很多金丝雀、蝴蝶还有蛾子在欧洲和美洲都很常见。其中有 60% 可以在欧洲找到,20% 可以在美国找到,这充分证明它们曾经生存在一座被淹没的大陆上,而且这座大陆位于欧洲和美洲之间。

关于大西洋岛屿上的动物群体在大陆的起源,泰尔米耶做出了如下评论:"与海洋动物有关的两个事实,似乎都无法解释,除了持续不断的积累以及直到今天的时间流逝,是什么让西印度群岛延伸到塞内加尔的海岸,甚至把佛罗里达群岛、百慕大群岛和几内亚湾的海底连在一起。在同一时期内,有 15 种海洋软体动物生活在西印度群

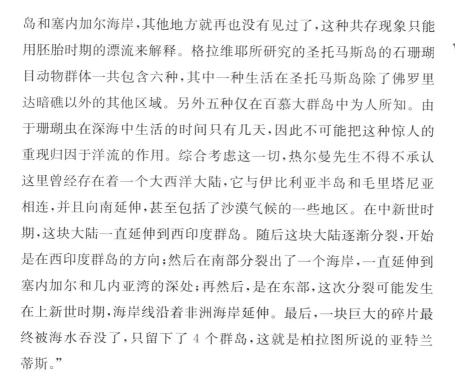

岛和塞内加尔海岸，其他地方就再也没有见过了，这种共存现象只能用胚胎时期的漂流来解释。格拉维耶所研究的圣托马斯岛的石珊瑚目动物群体一共包含六种，其中一种生活在圣托马斯岛除了佛罗里达暗礁以外的其他区域。另外五种仅在百慕大群岛中为人所知。由于珊瑚虫在深海中生活的时间只有几天，因此不可能把这种惊人的重现归因于洋流的作用。综合考虑这一切，热尔曼先生不得不承认这里曾经存在着一个大西洋大陆，它与伊比利亚半岛和毛里塔尼亚相连，并且向南延伸，甚至包括了沙漠气候的一些地区。在中新世时期，这块大陆一直延伸到西印度群岛。随后这块大陆逐渐分裂，开始是在西印度群岛的方向；然后在南部分裂出了一个海岸，一直延伸到塞内加尔和几内亚湾的深处；再然后，是在东部，这次分裂可能发生在上新世时期，海岸线沿着非洲海岸延伸。最后，一块巨大的碎片最终被海水吞没了，只留下了 4 个群岛，这就是柏拉图所说的亚特兰蒂斯。"

第十四章

亚特兰蒂斯的殖民地

至少有几十位作家坚持认为,亚特兰蒂斯在其衰落时期在世界各地建立了大量的殖民地。最近,唐纳利、布拉琴·德·布尔伯格和奥古斯都·勒普隆都强调了亚特兰蒂斯的殖民扩张,并且试图将其与埃及联系起来。大多数作家的普遍态度是相信亚特兰蒂斯的势力已经渗透到了美洲或者欧洲国家。1921 年 3 月,埃及神智学会的官方机构纸莎草纸上刊登了一篇题为《亚特兰蒂斯失落的一些说明》的文章。《亚特兰蒂斯把她的子民送到了全世界》这篇文章的作者写道:"他们中的许多人至今仍以印第安人的身份生活在加拿大和美利坚合众国,并且殖民了埃及,建立了强大的埃及国家。他们还分布在亚洲北部,形成了图兰尼亚人和蒙古人这样强大而多产的种族,至今仍然在地球人口中占大多数。"

当然,"官方"人类学家对这样一种说法提出了一些明确的反驳意见(如果他们真想反驳的话),比如说:"你有什么确凿的证据证明亚特兰蒂斯人存在于美国或欧洲国家? 你有任何文件可以证明他们就生存在那里,或者有什么他们亲手树立起来的纪念碑吗?"

174

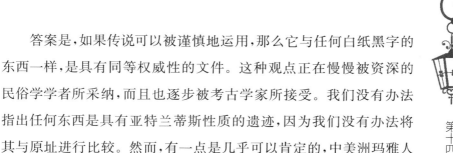

答案是,如果传说可以被谨慎地运用,那么它与任何白纸黑字的东西一样,是具有同等权威性的文件。这种观点正在慢慢被资深的民俗学学者所采纳,而且也逐步被考古学家所接受。我们没有办法指出任何东西是具有亚特兰蒂斯性质的遗迹,因为我们没有办法将其与原址进行比较。然而,有一点是几乎可以肯定的,中美洲玛雅人的建筑遗迹来源于不那么遥远的地方——亚特兰蒂斯的安提利亚岛,那里是亚特兰蒂斯大陆的西部,是最后被淹没的地方。

亚特兰蒂斯岛的殖民问题并不那么容易解决。从传说和民族学的角度,已经有充分的证据表明,这是一个需要合理思考的问题。毫无疑问,如果完全没有事实基础,这样大量的传说是不可能存在的,而且在大冰河结束时期,迁移到西班牙和法国的种族来自大西洋地区这一点不可能被推翻。柏拉图的叙述似乎很清楚地记录了阿兹利安人或原始伊比利亚人从大西洋国家入侵欧洲的情景。他在写这本书的时候,从埃及的资料中提取了事实,就像中世纪的历史学家写书的时候一样,完全要依据更古老的权威资料。他告诉我们,亚特兰蒂斯人在侵略和大灾难之前就已经在欧洲拥有财产了,而考古学发现的证据似乎证实了他的观点。

关于亚特兰蒂斯对于法国、西班牙和英国的殖民,已经说得够多了。狄奥多罗斯提到的亚特兰蒂斯人曾经在非洲定居的观点也是很明显的,而且事实上有一点非常重要,那就是在罗马时代,西北非洲的居民被称为亚特兰蒂斯人。"这些亚特兰蒂斯人",在阿尔及利亚居住多年的巴狄康博士说:"在古代被认为是海神最宠爱的孩子。例如,他们把对海神的崇敬带给了其他国家,带给了埃及人,换句话说,亚特兰蒂斯人是世界上已知最早的航海家。"(最近,我收到一位非常了解非洲西北部的女士的来信,她在信中说,亚特兰蒂斯的许多传说

在当地居民中仍然流传着。她认识的一位阿拉伯人埃米尔是这方面的权威,他甚至写过一本关于摩洛哥亚特兰蒂斯的书。信中没有提到这本书的名字)

有一点必须说清楚,如果亚特兰蒂斯像我们通过柏拉图了解到的那样,在公元前 9600 年左右沉没,那么它在欧洲土地上所有的殖民地也一定在那个时候结束了。如果认同这一点,我们就必须把亚特兰蒂斯在地中海和欧洲其他地方的扩张,看作阿兹利安或者伊比利亚的扩张。任何资深的人类学家都不会否认伊比利亚人从西班牙到埃及,渗透到了整个地中海地区,即使他可能并不支持这个民族起源于亚特兰蒂斯的说法。但是,塞尔吉提出了一种伟大的理论:伊比利亚人在欧洲各地建立了广泛的居住地。他强调,伊比利亚人来自西非,那里至今仍然被称为阿特拉斯,生活在那片大陆上的种族,在罗马时代仍然被称为"亚特兰蒂斯人",狄奥多罗斯就是这样称呼他们的。他说:"有一种观点认为,古埃及人、现代埃及人、努比亚人、阿比西尼亚人、加拉人、索马里人和柏柏尔人,都起源于非洲的西部而不是东部。"他"不会否认撒哈拉是地中海种族的摇篮的可能性"。关于北非伊比利亚人起源的结论,在当今人类学家中得到了广泛的认可。

如果我们认同伊比利亚人和他们的祖先阿兹利安人都是亚特兰蒂斯的后裔,至少对我们来说马上就可以解决问题。这个种族在无数后代人的脑海里,珍藏着他们起源于亚特兰蒂斯的记忆,并沿着地中海两岸传播,最终到达北部的希腊和小亚细亚以及南部的埃及。推断一个种族是这样一步步稳定发展过来的,要比勒普隆假设的那样,在前王朝时代,一支庞大的亚特兰蒂斯舰队抵达了某地,比如埃及,要合理得多。

亚特兰蒂斯真的是在公元前 9600 年前后沉没的吗?难道它的大

部分领土不是在那之后仍然存在着，而且在欧洲建立了殖民地并且产生了文化影响，就像安提利亚影响到原始的美洲那样吗？我承认这些想法一直萦绕在我的心头。我把它称为"概念"，因为我找不到足够的证据来证明它可以成为一个明确的假设。我在前文已经讨论过关于伟大的史前文明亚特兰蒂斯是否存在的问题，奥瑞纳文化可能只是其中"残存"的遗迹。让我们看看关于在柏拉图所说的大陆沉没之后的日子，亚特兰蒂斯文明是否还存在这个问题还有什么可以说的。这种文明，要么重新传承了前奥瑞纳文化的古老精神，要么就是从阿兹利安文化类型发展而来，并且存在于欧洲考古学的"历史"时期。

这种文明存在的时间必然比柏拉图所说的公元前 9600 年晚许多个世纪。由于它的发展要比中石器时代的文明更先进，而且类比埃及文明的发展进程，可以判断它的存在期间很大概率应该不会早于公元前 5000 年。很明显，在船舶经常从事地中海商业往来的这段时间里，亚特兰蒂斯肯定已经消失了，这段时间可以假设为公元前 2000年以前。那么，我们是否有记录可以证明，在上述时期，有文化传入欧洲并对它产生了影响呢？ 关于这一点，至少我们在关于起源的传说中找到了一个，那就是卡比里（众冥神），他是一个奇怪的神秘宗教的神明，起源于西方。

从大量关于卡比里的古代著作中，我们提炼出了以下资料。卡比里是一对被神化的孪生兄弟，后世认为他们是狄俄斯库里兄弟——卡斯托耳和波吕丢刻斯。狄奥尼修斯说他们是"两个手持长矛的年轻人"。迦太基作家桑丘尼亚森认为，他们是迦太基人或者非洲裔。事实上，对卡比里的崇拜似乎是从非洲西北部传到埃及和希腊的，并且明确生命这种崇拜"传递给了埃及的死神"。桑丘尼亚森说，是卡比里发明了船，而且创造了狩猎和捕鱼的技术，同时还是建

177

筑和农业的发明者,甚至还发明了文字和医学。事实上,古老的卡比里神话中似乎包含了一个传说,在地中海地区还处于蛮荒状态的时候,一个文明种族入侵了那里。因此,那里的种族起源于非洲西北部。起初我以为神话中指的是阿兹利安人进入地中海的入口,但时间方面似乎又不太匹配,因此似乎更加可能的是在更晚的时期,比如公元前 3000 年,来自西方的文明入侵了那里。

墨西哥扎奇拉一座坟墓里的卡诺卜坛

　　卡比里的宗教几乎不太可能起源于非洲西北部。因为在那里,我们没有找到任何关于建筑、农业以及文字方面的杰出文明曾经存在的痕迹。但有一点很明确,那就是对卡比里的崇拜似乎在某种程度与对司阴府之神的崇拜有关联。孟菲斯有一座庙同时供奉了这两种神明,那似乎是奥西里斯从非洲西北部到埃及的传播连接点(参见《有关亚特兰蒂斯的问题》,第 150 页)。难道与卡比里有关的神秘宗教不是起源于公元前 3000 年前仍然存在的亚特兰蒂斯,它从非洲西

北部向东传播,后来通过迦太基影响到了希腊和小亚细亚? 除此之外也没有别的理由可以解释,为什么一种不可能起源于非洲的宗教出现在了那里。

克里特岛似乎也被亚特兰蒂斯文明渗透了。的确,亚特兰蒂斯文明影响了克里特文明的起源。有人提出,柏拉图对亚特兰蒂斯的描述实际上只是对克里特文明灭亡的记忆。1909 年 2 月 14 日,《泰晤士报》上一名作家写道:"克诺索斯岛的消失与考古学告诉我们的事实相符,克诺索斯国家彻底崩溃,随后,埃及港口的腓尼基人取代了克里特水手的位置。"

然而,发生在公元前 1200 年前的文化崩溃,在 600 年后被埃及祭司们放大成了一场发生在 9000 年前的大灾难! 这就好像我们把君士坦丁堡的陷落追溯到新石器时代一样! 古人,即使没有书面证据的帮助,也会更加了解他们的历史,对年代的概念也比一些现代历史学家认为的要好。我们常常忘记,我们所知道的书面历史只不过是最近两三个世纪的事情。当时在缺乏书面记录的情况下,传说取代了书面记录的地位,成了一门技艺,就像今天的书面历史一样。

克里特岛的米诺斯文明可能是仿照亚特兰蒂斯文明而来的,而亚特兰蒂斯文明可能存在的时间比人们所认为的时间要晚得多。克里特岛的米诺斯文明无疑是非常古老的。早期的米诺斯文明大约可以追溯到公元前 3400 年,它的某些阶段与柏拉图对亚特兰蒂斯生活的描述非常相似。就像在亚特兰蒂斯一样,公牛是它们的圣物,克诺索斯的大竞技场是用来斗牛或举行献祭仪式的。克里特人主要是由伊比利亚人组成的,并且拥有像西班牙和法国的奥里格纳西人那样迷宫般的庙宇。讲述迷宫神化的权威主要是普鲁塔克。他的描述或多或少都会在浪漫的传说中贯穿一个复杂的迷宫。由此可见,应该有一个同样错综复杂的地方会给他灵感。几代人都认为,这个地方就是戈

蒂纳蜿蜒曲折的洞穴,洞穴穿过艾达山脚下的一座小土丘,无数的分支似乎标志着它是忒修斯庞大的巢穴。在 1900 年,亚瑟·埃文斯先生第一次在克诺索斯遗址进行了一次非常有意义的发掘,他看到了米诺斯宫殿迷宫般蜿蜒的通道还有楼梯,因此更倾向于认为宫殿本身才是真正的迷宫。

根据权威的说法,这些洞穴是旧石器时代奥里格纳西人的神庙或者祭祀场所,洞穴里有大量绘制或者雕刻的公牛,似乎是这个种族的主要神祇,至少是崇拜的对象或者狩猎群体的守护神。毫无疑问,传说在阿列日省的尼奥镇,有一头巨大的公牛穿过了那些几乎无法穿透的洞穴,距离超过 1.6 公里,这将成为世代相传的荣耀。

克里特岛的米诺斯文明几乎可以肯定是从奥瑞纳文明演变而来的。正如壁画所展示的那样,它的塔纳格拉小雕像与西班牙的巴利阿里群岛联系在一起,以及它对公牛的崇拜,在宫殿里绘制的画与早期奥瑞纳画家展现出的艺术形式惊人地相似。这可能是一个古老的神话,说的是一个住在迷宫般的洞穴里的牛头神,自古起源于西班牙或者亚特兰蒂斯,并由此产生了克里特岛迷宫的传说。这一假设的前提是,戈蒂纳洞穴是真正的克里特迷宫,并且与忒修斯和人身牛头怪的神话有关。

埃及曾是亚特兰蒂斯殖民地的观点并没有被作家们广泛接受。乍一看,承认这一主张是公正的有点儿困难。坚持这一理论的著作是已故的奥古斯都·勒普隆博士的作品《穆女王和埃及狮身人面像》,书中讲述了中美洲玛雅公主是如何在亚特兰蒂斯沉没后逃往埃及,并建立了埃及文明的。但是我们不能只推测这一种情况,一位公主在建立了玛雅文明后又建立了埃及文明。按照时间顺序以及其他情况来说,这种假设是不可能存在的。

亚特兰蒂斯对于欧洲的任何影响,都是经由非洲西北部传到埃及的,这种可能性似乎更大一些。

首先,最无可争议的证据是,埃及在很早的时候就有伊比利亚血统的人居住。官方机构认为,伊比利亚族是构成古埃及人种的一个重要组成部分,它们一定是从西方进入埃及的。在前文中,我已经努力证明过伊比利亚人是亚特兰蒂斯人。如果这个观点被接受,那么我们必须承认,他们也一定把亚特兰蒂斯文化引进了尼罗河流域。

能够证明亚特兰蒂斯对埃及文化有影响的证据与对埃及死神的崇拜有关。很明显,这种崇拜并不是在埃及本土产生的,但很难说它是在什么时候传入这个尼罗河流域的国家的。人们第一次发现这种宗教的痕迹可以追溯到第一王朝的阿比多斯城,但是有一些关于金字塔的文献可以证明,它在这片土地上有更古老的历史。

巴奇博士认为,崇拜死神的传统来自"利比亚"或者北非。但是,也许正是《死亡之书》让我们对奥西里斯宗教的性质和起源有了最深刻的了解。很明显,至少在公元前4000年,这个宗教的某些仪式就已经在埃及使用了,甚至在那时,这些仪式已经与祭祀和制作木乃伊的工艺联系在一起了。随着木乃伊化仪式变得越来越复杂,《死亡之书》变得越来越重要,人们相信,没有这本书上的知识,死者就不会被保存下来进入极乐世界。

毫无疑问的是,《死亡之书》中的很多文章比第一王朝记录的文字更加古老。书中的文字被反复编辑了许多次,甚至在公元前3300年,负责誊写的抄写员因为没有办法理解原文的本意,错译了很多段落。巴奇博士说:"无论如何,我们都有理由认为,这部作品的最初版本与尼罗河流域的埃及人文明是在同时代形成的。书中的其中一篇文献资料确实是在第一王朝发现的,文中提到了一个日期,大概是公元前4266年。"那么,这些文字第一次被写在纸上或者说形成了文学作品是什么时候呢?

　　几乎可以肯定,《死亡之书》记录了新石器时代人民为了保存尸体而举行的仪式,以便让死者能够复活。我们知道奥里格纳西人对永生有一种深入骨髓的执念。正如麦卡利斯特教授对他们用红色氧化物绘制死者骨骼的做法所做出的评论:"我们应该重点注意将骨头涂成红色的那种仪式……仪式的目的非常清楚。红色是鲜活生命的颜色。死者要在自己的身体中再次复活,那么骨头就是作为支撑的框架。用生命的颜色来描绘骨头,是旧石器时代人们所知道的最接近木乃伊化的方式,人们希望通过这种方式使已经死亡的身体再次供主人使用。在这一方面,我们不妨回顾一下民间传说中一个熟悉的故事,故事的主人公遇难身亡后,他的肉又从骨头上长了出来,小碎骨头也是一样,然后他就复活了。"

　　很明显,木乃伊化实际上就是对这种做法的一种复述,埃及木乃伊及其所有相关复杂的仪式都是从奥里格纳西人的实践中发展而来的,那是它的萌芽和种子。和奥里格纳西人一样,埃及人也相信红色是生命的颜色。他们把所供奉的神明的脸涂成红色,还把红色的颜料涂在木乃伊的脸颊上。很有可能奥里格纳西人就是亚特兰蒂斯人,他们为死人骨头涂色的习俗沿着北非海岸一直流传到了埃及。随着时间的推移,这种习俗在埃及得到了进一步的发展。但我们也有充分的理由相信,整个亚特兰蒂斯文明,从埃及到秘鲁,都有明确的木乃伊崇拜。我们在旧石器时代晚期看到了最早的遗迹是人们会把尸体用皮革和绷带捆起来,然后慢慢形成了一种明确的宗教仪式,具有鲜明的特征。我相信这种旧石器时代晚期的宗教起源于亚特兰蒂斯,然后从那里传播到了整个北非和美洲,与宗教有关的其他习俗也被带到了各种地方,然后在那里生根发展。

亚特兰蒂斯文化综合体

　　我们发现,曾经古老的观念认为,亚特兰蒂斯以其强大的军事力量在埃及、北非、美洲以及其他一些地方建立了殖民地。现在有人提出了一种新的假设,似乎更为合理一点,那就是亚特兰蒂斯文化是一点点从被淹没大陆的东部和西部缓慢地渗透过去的。事实上,亚特兰蒂斯几乎不太可能建立真正殖民地性质的领地。亚特兰蒂斯的文化影响,似乎更可能是在欧洲、美洲和非洲的海岸站稳脚跟之后,慢慢地绕过这些沿海地区,最终深入内陆。的确,也正是在这些大陆的海岸线上,我们发现了那里受亚特兰蒂斯文化影响最好的证据。

　　每一种伟大的文明都可以通过其明确的文化习俗以及行为来区分,而亚特兰蒂斯文明的特点如此突出,因此它的证据也是非常明显。在西欧到美洲东部的海岸线上,散布着一种文化,它存在于这个区域中间的岛屿地区,同时在北非和埃及以及墨西哥、中美洲和秘鲁地区都发现了与之表现形式极为相似的文化特点。这种文化集丛在这些地区持久的发展,带给我们一种明显的暗示,那就是曾经有一个纽带连接着美洲和欧洲大陆,但现在这个纽带已经消失了。

　　区分亚特兰蒂斯文化集丛的主要因素有以下几种：木乃伊化的习惯，巫术的习惯，金字塔的存在，头部会被压扁，使用三叉石，关于大灾难的特定传说，以及其他相关的文化和传说的证据。我们可以得出的主要结论是，符合上述特点的地区都集中在欧洲西海岸到美洲东海岸的范围内，包括西欧诸岛和安的列斯群岛。据我所知，除此之外，世界上其他地方再也找不到与上述特点相关联的地方了。这似乎为我们提供了可靠的证据，那就是亚特兰蒂斯文明一定是从现在已经沉入海底的大西洋地区传播出来的，那里一定曾经是连接东西方的纽带，这些风俗习惯就是从那里分别向东西方向传播的。

　　我们可以看到，西班牙和法国的奥里格纳西人掌握了制作木乃伊的基本技术，而且众所周知，他们在加那利群岛上的同族熟知制作木乃伊更加高阶的技术。从 16 世纪修士阿隆佐·德·埃斯皮诺萨的著作中，我们了解到，在一些岛屿上存在着一群会用香料进行尸体防腐的人，就像尼罗河国家的人一样，人们说他们是一群被放逐者。他们的尸体都会用融化的油脂、草籽、石头和松树皮混合防腐，目的是给萎缩的骨架赋予生命的轮廓。尸体会被放在太阳下晒干，然后用羊皮缝起来，再用松皮包裹。有一些贵族在死后会被放置在由硬木制成的棺椁中，棺椁会被雕刻成身体的形状，就像埃及的木乃伊一样，而且尸体还要用裹尸布裹住，就像埃及的木乃伊一样。卡纳拉人的习俗更像埃及人，切割尸体的第一刀要用石刀。对加那利群岛发现的木乃伊的研究证明，它们与秘鲁的木乃伊非常相似。

　　在西班牙和法国的奥里格纳西人身上，我们发现了早期的木乃伊化技术；在加那利群岛人身上，我们发现了晚期的木乃伊化技术。如果穿越海洋来到安的列斯群岛，我们就会发现木乃伊制作技术也在那里兴盛过。在波多黎各，死者的头骨和身体的骨头会被包裹在棉布或篮子里保存起来以示尊重。通常头盖骨都会被安放在棉花做的假身体上，保存在一座单独的寺庙里。加勒比人也会制作包含人骨头的棉花肖像。殉道士彼得指的就是某种用棉花做的神像，在圣多明各曾经出土过一座身体是棉花填充的，头顶是人类的头盖骨，眼窝嵌入了人工眼睛，胳膊和腿是绑着棉花的绷带。在海地，人们的习俗是这样的：在埋葬尸体之前，要用编织的绷带把它绑起来，然后放在有符号和护身符的坟墓里。拉斯·卡萨斯和哥伦布都提到过，海地的印第安人用木头做雕像，把亲戚的骨头放在里面，然后把雕像命名为骨头主人的名字。有一个关于海地印第安人的神话，讲的是神明就像木乃伊奥西里斯一样在树干中被发现的故事。故事里说，他裹在棉花里的时候，灵魂是可以超脱的，就像埃及人的灵魂能够从木乃伊中脱离一样。

菲克斯先生曾调查过安地列斯群岛当地的风俗，他说："早期的文献曾经提到，死者有时会裹着棉布，还会有包裹着死者骨头的棉布木偶或者填充了棉布的塑像。这些文献中写得最好的，是一位作者在圣多明各发现的一本书中的一篇文章……据克罗诺博士说，这具尸体是在都城西边的马尼埃尔附近的一个洞穴里发现的，高度为75厘米。他还说这个标本的头部是人类的头盖骨，上面镶嵌着人造眼睛，头顶覆盖着编织的棉布。上臂和大腿上也有编织物，可能是棉质品，接下来看到的一种习俗引起了人们的注意，尸体的额头上有一条带子。"在这里，我们清晰地联想起了木乃伊的绷带，在这具尸体的腹部有一个很大的缺口，这表明，制作者的最终意图是去除尸体的内脏。

如果我们继续向西研究到美洲大陆，我们就会发现有大量的证据证明当地居民有为尸体防腐的习惯。当然，这一点在墨西哥、中美洲和秘鲁等高度文明的中心地区更为明显。尸体防腐的方法在这几个地区有所不同。在墨西哥，人们把尸体以静坐的姿势制作成木乃伊，并在外面装饰刺绣、羽毛还有符号。木乃伊上方会放一层绳网，

网里放一个假的人头或者面具，这与安的列斯群岛的习俗有关联。在中美洲的习惯是和埃及一样的，尸体经过防腐处理后以平躺的姿势下葬。在墨西哥和玛雅人原始手稿中发现的图片，就曾绘制了许多木乃伊的形象。在中美洲的玛雅，国王和祭司的尸体会被埋葬在精心制作的石棺中，陪葬的物品是类似于埃及葬礼上使用的罐子，最后盖上代表罗盘中四个方位精灵的棺盖，这些习俗与埃及基本一样。

和埃及人一样，玛雅人也会把颜色和身体的主要器官联系起来。在某些情况下，埃及和玛雅在颜色和器官对应的例子上是一致的。在埃及和墨西哥，我们发现人们认为狗是死者的向导。当一个墨西哥的酋长死了，族人会杀掉一只狗，他们认为狗会比酋长先到达另外一个世界，就像埃及的引导亡灵之神那样。墨西哥和埃及葬礼习俗的另一个惊人的相似之处是，在墨西哥的手稿中出现了与木乃伊有关的符号。人们认为，这个符号可以为复活的死者提供一个新的身体。顺便说一句，这个符号与在法国和西班牙的彩绘卵石上以及洞穴中，发现的某些阿兹利安符号非常相似。

某些墨西哥神实际上是从木乃伊的概念发展而来的。金星之神就是其中之一，他在《博尔吉亚手抄本》和《博尔博尼库斯手抄本》中都以木乃伊的形象出现，身边跟着一只蓝色的小狗，是死者的同伴。在属于他的节日里，人们会在桅杆上绑一个假的木乃伊，祭司们会围着它跳舞。也许在墨西哥手稿中，关于这个主题最有教育意义的画作是《萨哈冈女士》，画中墨西哥祭司们制造的木乃伊、面具、纸做的装饰品以及旗子，还有希利引用的《米却肯的仪式关系》同样很有意思，里面有很多引人注目的图片，展示了该地区木乃伊化的过程。

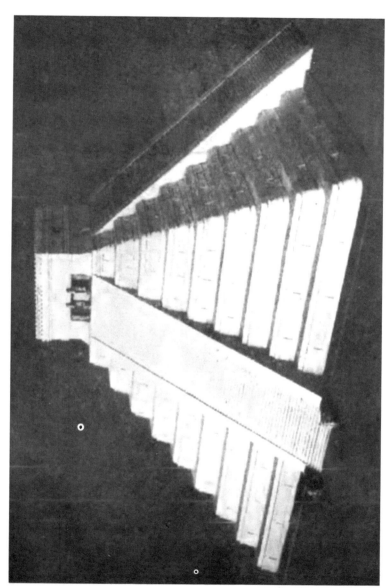

美洲（玛雅）金字塔

　　在秘鲁,制作木乃伊的习俗非常普遍,在秘鲁的坟墓中有大量的木乃伊。死者用无峰驼的皮包裹着,眼睛和嘴的轮廓都被仔细地标记出来。在美洲的其他许多地方,人们都有制作木乃伊的习惯,我已经在其他著作中详细列举过这方面的全部证据,并且详细描述了细节(详见《美国的亚特兰蒂斯》一书)。

秘鲁木乃伊

　　亚特兰蒂斯文化的第二个显著特征是巫术。这并不是说亚特兰蒂斯文化没有渗透到的国家没有巫术,而是说在发现了巫术的地方有迹象表明,复杂的亚特兰蒂斯文化已经渗透到了那里。事实上,巫术作为一种祭祀仪式很可能起源于亚特兰蒂斯。确切来说,这是一种对生育能力的崇拜,起源于早期对公牛的崇拜。人们认为公牛是动物生育能力的象征,但是对于亚特兰蒂斯考古学的学者来说,最重要也是最引人注目的一方面，是巫术的发展与法国、西班牙和墨西哥有关，这些地方无疑是受亚特兰蒂斯移民影响最大的地区。事实上，它的分布与另一种早期习俗的分布方式非常相似，这种习俗后来发展成了木乃伊仪式。

我们从奥里格纳西人的壁画中找到了一些证据。在西班牙莱利达省附近的科古尔有一块岩壁，上面画了一幅壁画，画中描绘了许多妇女穿着女巫的传统服装，戴着尖顶帽子，裙子从腰间垂下来，正在围着一个被涂成黑色的男性牧师跳舞。这幅画展现的是女巫的安息日。众所周知，在科尔特斯入侵墨西哥前后，女巫教也在墨西哥兴盛起来。墨西哥女巫的形象一般是飞在空中的，她们经常出没于十字路口，折磨瘫痪的儿童，使用精灵箭作为武器，就像欧洲的女巫一样。女巫的安息日在古墨西哥和中世纪的欧洲一样臭名昭著。墨西哥女巫和她的欧洲版姐妹一样，也拿着一把扫帚，骑着扫帚在空中飞行。甚至女巫女王特拉索莉捷奥特莉的形象也被人们描绘成骑在扫帚上，戴着女巫的尖顶帽子。有时，她的形象是站在一所房子旁，身边还有一只猫头鹰，那里是女巫的住所，房檐上挂着草药。墨西哥女巫也像她们的欧洲同行一样，在自己身上涂上油膏，这样她们就可以在空中飞翔，她们跳着狂野淫荡的舞蹈，就像欧洲邪教的信徒一样。这些人，老的西班牙修士称她们为女巫。

木乃伊化和巫术之间的联系非常清楚，欧洲的女巫非常珍惜埃及木乃伊身上的肉，她们把它当作施展魔法的工具。同样的做法在美国也很流行。在那里，巫师用死去女人的手和手指来施展魔法。然而，美国西北部的夸扣特尔巫师制作施展魔法的权杖时，会把死人的皮和肉在火前脱水烤干、揉搓捣碎混合在一起，然后用一块皮或布把这些粉末装起来，塞进一节空心的人骨里，之后将人骨埋进一个微

型棺材。这样来看欧洲巫术和美洲巫术之间的关系就足够清楚了，这两种体系与亚洲的巫术教派并没有显示出多少相似之处，而且亚洲的巫术教派大多数成员是男性。如果综合考虑巫术教派的地理位置，那么这些相似之处就显得非常重要、不容忽视，尤其是考虑到奥瑞纳文化之后的地区在后来曾经是欧洲巫术的据点之一。

综上，我们有理由认为，欧洲巫术和美洲巫术都是从亚特兰蒂斯流传出来的。在希腊神话《赫斯帕里德斯的花园》和《赫斯珀里亚的亚马孙人》故事中，我们找到了显著崇拜女性的宗教，就像我们在加那利群岛关切人的传说中看到的一样，是亚特兰蒂斯留下的遗迹。前文我已经总结了与亚马孙人有关的传说以及他们在亚特兰蒂斯的有关资料，从中可以明显看出他们与巫术有着明显的联系。简而言之，他们是有好战倾向的女性崇拜者，或许还有食人倾向，就像达荷美王国更加现代的亚马孙人一样。还有一点同样重要，我们发现墨西哥女巫的行为方式与古典传说中的亚马孙人完全相同。事实上，在墨西哥历史上的某个时期，居住在墨西哥东海岸巴耶斯城的一大批亚马孙人或者说亚马孙女战士入侵了墨西哥山谷。她们杀掉了战俘。值得注意的是，她们当时的首领名叫特拉索莉捷奥特莉，与女巫的首领同名。她们的主要武器，像亚马孙人的一样，是弓，从卡马戈对他们守护神的描述中可以清楚地看出，她来自赫斯帕里德斯的古典花园。卡马戈说："她住在一个非常舒适而令人愉快的地方，那里有美丽的喷泉、小溪和花园，人们称这里为塔摩安禅，或者是一个鲜花盛开、天高九重、清新凉爽的地方。"这段文字很明显把西方之国和墨西哥的亚马孙人联系在了一起，因为两者都带着弓，蛇皮盾似乎也可以提供一些辅助证明。

欧洲和美洲的岛屿上也发现了女巫教派，在亚特兰蒂斯和其他大陆之间形成了链条。在加那利群岛的关切人中有一个宗教叫埃芬涅茨，埃芬涅茨的处女祭司马嘎德斯在石头圈中做礼拜。在贝莱隆的峡谷中，她们举行仪式的石头圈至今仍然矗立着。和墨西哥人、奥里尼亚人和克里特人一样，她们会跳着有象征意义的舞蹈，然后把自己献祭给大海，因为她们认为总有一天海水会淹没她们的岛屿。和墨西哥的女祭司一样，给婴儿施洗也是她们的职责。在那里非常流行一妻多夫制，而且岛上似乎也是由女性来统治。在安的列斯群岛，要区分本土巫术和起源于非洲的奥比巫术的元素是有点儿困难的，但是这些岛上女祭司的独特存在表明，巫术一定在该地区有很强的影响力。

金字塔的存在进一步证明了亚特兰蒂斯的复杂性。这一点在前文已经提到了，在这里我们只需要说，金字塔无论是充分发展的特点还是演变的形式，在欧洲的加那利群岛、安的列斯群岛，墨西哥和秘鲁，以及密西西比的原始印第安人地区，都发现了与亚特兰蒂斯文化以及其他元素息息相关的痕迹。但是现在我们发现了一个更为显著的特征。

压扁人头的习俗是非常奇特的，它一定起源于同一个地区，然而我们却发现了它与亚特兰蒂斯的其他元素联系在了一起，同时在亚特兰蒂斯文化没有渗透到的地区，并没有发现这种习俗的痕迹。在阿尔佩拉的壁画中所描绘的奥里格纳西人，在今天的比斯开土著人中，在安的列斯群岛，在中美洲的玛雅人和阿兹特克人中，我们都发现了这种习俗。这种压扁头部的扭曲类型似乎是这种文化的一部分，它沿着大西洋航线从比斯开传播到了中美洲。丹尼尔·威尔逊爵士说，福维尔博士是沙朗通精神病院院长，一位杰出的法国医生，揭露了一个不同寻常的事实，在法国，人们用特殊的头饰和绷带把婴

儿的头骨扭曲变形的做法仍然盛行。他在一本关于神经系统解剖的宏伟著作中,描述了一些类似的扭曲头骨的例子,其中有一个可能被误认为秘鲁的坟墓遗迹。这种做法可能是从远古时代沿袭下来的,主要在某些地方比较集中。诺曼底、加斯科涅、利木赞和布列塔尼都因为流行这种习俗而特别出名,只是在不同地方使用的方法和结果有一些差异。众所周知,颅骨变形术在今天的巴斯克人中广泛使用,巧合的是他们的领土与旧石器时代晚期的克罗马农人的领土几乎完全相同。

这种颅骨变形术的习俗在安的列斯群岛的印第安人中也非常盛行。沙勒瓦说:"他们用艺术手法使自己的头部变平,缩小前额的尺寸,这样会使他们非常高兴。为了做到这一点,他们的母亲会小心地用手或者两块小木板绑紧他们的头,渐渐地木板会把他们的头压扁,使头颅成为需要的形状。"

众所周知,这种用木板压扁头部的方法,曾经甚至现在仍然在美国大陆的几个部落中使用。玛雅人是通过在婴儿时期对前额施压的方式完成颅骨变形术的,这一点从他们的雕像和浮雕的人物形象中可以看出来,而且美国西海岸的一些印第安人也是如此。但是我在加那利群岛已经找不到任何这类行为的痕迹了,很有可能这种习俗在那里已经灭绝了,然而这种习俗在世界其他地方是绝对罕见的,又具有明显的特征,那么它恰好与亚特兰蒂斯文明向东西方向传播的假定相一致就不奇怪了。

文身的习俗似乎也与亚特兰蒂斯的文化有关。

文身的习俗在航海和劳动阶层中仍然很普遍,古文物研究者认为文身很可能是遥远的古代遗留下来的遗物,当时大不列颠群岛上所有的人应该都有精美的文身。罗马人认为,文身是英国人特有的

行为,这一点在很多经典的著作中都有体现,特别是克兰狄安的一篇文章。她将布列塔尼亚拟人化为一位女性,头上戴着"古苏格兰怪兽"的头饰,脸颊上布满了刺青铁的印记。赫罗提安与西弗勒斯是同时代的希腊人,为我们提供了一些证明。据说他们的将军在战役中遇到的北方英国人都不穿衣服,因为他们不想掩盖身体上的文身图案。

大量证据表明,"大不列颠人"这个部落名字的意思是"文身的人"。大不列颠群岛上的戈伊德尔族或盖尔人称自己为"克鲁恩亚"或者"奇塔诺伊",即"文身者"。这个词在往返英国运送商品的威尔士水手口中变成了"不列颠"。还有一个词,在威尔士人中被误传,他们把皮特兰得称为"普里滕",并且将整个岛命名为"大不列颠"或者"皮茨岛",意思是"文身人之岛"。

"克鲁恩亚"或者"奇塔诺伊"的意思是"文身",这一点从赫罗提安的另一篇文章中可以看得很清楚。文章提到,英国北部的人在皮肤上刺上了动物的图案。这一点具有非常珍贵的价值,因为这个信息至少比古典文学中提到文身的人早了一个世纪。早期盖尔语作家杜尔德·麦克·菲比斯说:"克鲁斯尼奇(皮克图斯)的脸和全身都带有兽类、鸟类和鱼类形状的文身。"

古老的派生词一般都是把"皮克"一词从拉丁语"皮克图斯"中提取出来,意思是"涂色"。然而,上文的例子却完全不是这样。有一点可以肯定,皮克这个词在本族语的意思"文身",并不是拉丁语。关于这一点甚至可以追溯到古老的戈伊德尔语词根以及更加古老的雅利安语词根,它们都是"文身"的意思。毋庸置疑,罗马人一定是把这些词和自己的词根混淆了。克劳狄斯经常说一句话,皮克"是皮克特的错误译法","并不应该被错误地称为涂颜色的人",这意味着他知道

罗马人用符号装饰自己的身体,并且惊奇地发现他们部落的名称与拉丁词"涂颜色的人或者物品"非常相似。瑞斯说:"皮克特是与凯尔特语具有相同语源的一个单词,意思大致与拉丁语中的皮克图斯相同。凯尔特人早期将这个词用到了皮克特人身上,因为他们有文身,皮克特人接受了。"

但是"斯科特"一词也有"文身"的意思,这一点不太为人所知。瑞斯认为,它来自一个词干,意思是"切"或者"文身",这个观点得到了麦克贝恩的支持。在《塞维利亚的伊西多尔》这本书中,将"斯科特"解释为一个人在身体上用尖刀刻画了各种图案,然后在图案上涂了颜色。牛津大学图书馆的尼克尔森先生说斯科特和皮克特之间似乎没有什么真正的区别。二者之间的区别不会比撒克逊人和盎格鲁人之间的区别更大,这两个名字的意思是一样的——"文身"。谈到爱尔兰的皮克特人和苏格兰人,瑞斯教授说:"所有的爱尔兰历史都表明,他们是克鲁恩亚人的近亲,我认为克鲁恩亚人和苏格兰人的名字最初可能是一样的。"

最令人瞩目的证据保留了我们祖先文身的习惯。法国、英国和爱尔兰的皮克特人以及普瓦捷和普瓦图的皮克塔维人,他们刻在皮肤上的图案同样会刻在硬币上。居住在科唐坦半岛乌纳利人的硬币上,一个武士的头部被刺成了一把短剑的图案,剑柄在脖子上,剑尖与鼻孔的位置持平。尼科尔森注意到,这个图案可能与古爱尔兰人卡尔加库斯这个名字有关,他曾在格劳皮乌斯与罗马人作战,而卡尔加库斯在当地的意思是"剑"。他认为,卡尔加库斯身上可能刺着一把剑的图案,就像硬币上的武士一样。

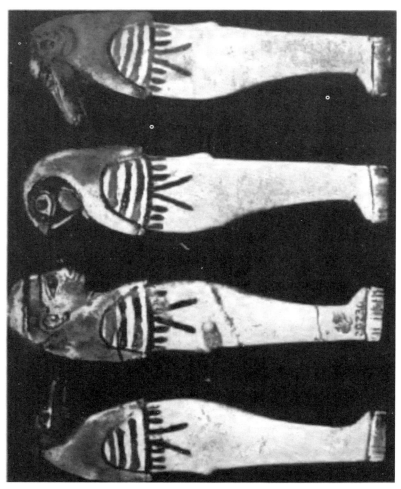

埃及的坟帕斯罐

缅因州奥勒西的一枚硬币上刻着一张脸,脸颊上文着一圈圆点,圆点中间绘制着一只公鸡的图案,这也许是最早将公鸡作为高卢国徽的标志。在法国巴约的硬币上印着一张被文身点环绕的脸,后面是字母 A。在泽西岛发现的硬币上也有很多类似有文身的脸。这些设计通常与天文学有关,用来描绘彗星和其他天体。在欧洲大陆皮克特人的硬币上有一个头像,头像的下颚上刻着一个十字,在四个末端各有一个旋钮。所有这些例子都来自高卢西部。尼克尔森认为,他们展示的文身图案可能是戈伊德尔语或盖尔语人口的显著特征,这可以将他们与说威尔士语的凯尔特人区分开来,后者似乎没有文身。

众所周知,皮克特部落分散在从法国西北部到奥克尼群岛的各个区域,他们都是航海民族,可能还有海盗的性质。尤利乌斯·恺撒在不列颠海岸的海战中就遇到了这样一个部落威尼斯人。他告诉我们,威尼斯人得到了他们在英国族人的帮助。他们的船比罗马人的大得多也好得多,因此,最终经过一番不顾一切地抵抗,他才成功地战胜了他们。法国和英国西北部的海岸,从康沃尔郡到凯斯内斯郡,到处都是类似的克鲁恩亚人或布列塔尼人,他们靠海上贸易以及捕鱼为生。如果抓不到鱼,那么就依靠掠夺。简而言之,这些部落是英国海上力量的真正推动者。当诺曼人和撒克逊人在海上还不为人知的时候,他们就已经乘坐大吨位的船,带着皮帆和铁索,航行了数百公里了。

也许这种文身的航海习俗就是从这些吃苦耐劳的海员身上传到了现代英国的海员身上的。值得注意的是,纳尔逊时代英国水手的服装,戴着帽子、深领和条纹背心,与布列塔尼海域流行的服装一模一样,那里的水手和渔民都是远近闻名的文身爱好者。当然,我们还

没有证据表明这种习俗在中世纪还存在。我们应该记住,在当时用画图作为记录的手段在低级的社会秩序中是不太常见的,而且很明显,如果这种风俗在某些阶级中仍然存在,那么它的背后一定有一段古老的历史。

就文身在英国的起源而言,几乎可以肯定的是,它一定可以追溯到凯尔特部落和伊比利亚民族的人种学之间的联系。凯尔特人与伊比利亚人在西班牙、法国和英国自由地融合。众所周知,伊比利亚人直接拥有非洲血统。古埃及人有文字记载,北非的伊比利亚部落热衷于文身。无论文身是否起源于北非,似乎后来它都从北非传到了小亚细亚,后来又传到了印度,随后又在印度找到了通往波利尼西亚的路。尽管如此,文身的习俗在很早起就在英国打下了基础而且非常牢固,它成了当地种族的显著标注,甚至以此为他们的岛屿命名。

当然,对我们来说,"伊比利亚"意味着"亚特兰蒂斯",由于欧洲的文身肯定起源于非洲的伊比利亚人,由此可以明显推断出它就是起源于亚特兰蒂斯。安的列斯群岛的印第安人、英国人以及高卢人文身的方式一模一样就证明了这一点。哥斯达黎加的盖达来斯人也会在自己身上文上动物的图案,中美洲的玛雅人把文身作为一种受尊敬的标志,同时还有压扁头部的习惯。

正如我们所看到的,西班牙和高卢的古代居民都有文身。虽然我没有在加那利群岛发现这种习俗的有关记录,但是我们在亚特兰蒂斯岛缺失的三个"环节"中找到了这种习俗。因此,似乎文身这种习俗起源于这块沉没的大陆,并且随着其他文化传到了东西方。特别是在英国,毫无疑问,在这样一个与世隔绝的地方,这种习俗似乎还在继续。由此,我们可以推断,亚特兰蒂斯传进来的文明在英国繁荣发展了很长一段时间。

还有另外一种更为普遍被采用的风俗是与亚特兰蒂斯的文化有关的,那就是父代母养风俗。这是一个奇怪的风俗,它规定在孩子出生时,他的父亲要把孩子抱到自己的床上养几天或者几周,直到孩子的母亲身体恢复正常。西西里的狄奥多罗斯说,这种习俗在古科西嘉人中非常盛行,诺狄攸斯则表示这是西班牙北部伊比利亚人的习俗。我们在西班牙和法国的巴斯克人中发现了它,范围几乎遍布整个奥瑞纳文化的地区,人们在加勒比地区以及南美海岸似乎也发现了这种习俗。它似乎起源于一种观念,那就是父亲和孩子之间有一种精神上的结合。如果父亲没有像母亲一样照顾得那么好,那么孩子将遭受厄运。在欧洲这种风俗可以追溯到地中海种族,也就是那些与亚特兰蒂斯移民民族联系最紧密的种族。

对一种符号的使用习惯,在某种程度上把亚特兰蒂斯岛的各部分结合在了一起,这个符号是出于对电闪雷鸣及其奇怪性质的信仰。普遍来说,这个符号一般是箭形或是其他形状的燧石,不仅仅是原始民族,许多现代民族也把这种符号当作风暴、地震和火山爆发的根源。火神的火舌、加勒比人的长矛或者墨西哥和埃及神明的箭都是这样。在亚特兰蒂斯地区,其独特的文化情节提供了女巫和木乃伊之间的另一种联系。在墨西哥,代表羽蛇神的金星被认为是电闪雷鸣。在美国和西欧的许多地方,金星的陨石都被小心翼翼地包裹在布里,或者像木乃伊一样被包裹起来。的确,最初与之相关的想法似乎是在某些地震带孕育出来的,而且无论如何,就像前文说过的,它将女巫和木乃伊与地震带来的不稳定性的概念联系了起来。在西爱尔兰,掀开裹着这些圣石的法兰绒绷带,暴风雨就来了;在墨西哥,风神、羽蛇神在行星金星的形象是包裹在木乃伊绷带中的。他就像伏尔甘一样,在一次超自然的事故中跛足了,因此他显然有火山的象征意义，就像埃特纳火山的神，他的火山群被视为雷电。

如果说，在这些联系的背后，自然现象中没有运用到这些原始的象征意义，这是非常难以置信的。也许人们认为电闪雷鸣才是暴风雨的根源和本质原因，这是一种神奇的东西，能够引起大自然的沸腾，导致风、地震或者火山爆发。在另一个版本的故事中，它被认为是一种惊天动地的工具，众神用它来塑造地球的轮廓。然而，如果用绷带把它包起来，使它变成一个"木乃伊"，似乎就可以暂停它这种神奇的功能。似乎只要它的能力被束缚在石头内部，它就象征性地"死了"，无法工作，一旦外部束缚的东西被解开，那么它的毁灭能力就会被释放出来。

在安的列斯群岛的一些地方，考古学家发现了一些奇怪的三角形石头，它们似乎与电闪雷鸣符号有着密切的关系。这些石头集中分布在波多黎各和圣多明各的东端，这是群岛的一部分，可能是几乎消失的安提利亚的一部分。这些石头通常被雕刻成山的形状，在山的下面可以观察到被埋葬泰坦的头部和腿部。梅森教授说："安的列斯群岛都是由火山演变而来的，那里的石器材料可以清楚地表明这一点。"他还表示，因为这些石头的形状很容易让人联想起安的列斯群岛，而且它们似乎代表着神话人物背上的岛屿。他提到了普罗米修斯的传说。普罗米修斯被朱庇特杀死，埋在埃特纳火山下，而且得出结论："在不同的地方，可能也有类似的神话，用来解释火山或山地现象。"所有的故事似乎都一定认同玛雅宇宙的概念，认为地球是站在一只大龙或者四脚鲸鱼的背上，而且似乎与阿特拉斯本人的神话有关，与阿特拉斯承载地球的故事有关，还进一步反映在羽蛇神的神话中，羽蛇神在中美洲的形象是住在海里的龙或者蛇。在我看来，这些神明都象征着一位神，他的职责是保护地球，但他也像阿特拉斯一

样,有时会感到自己肩负着巨大的责任,就把它抛到一边,然后就造成了宇宙的毁灭和灾难。

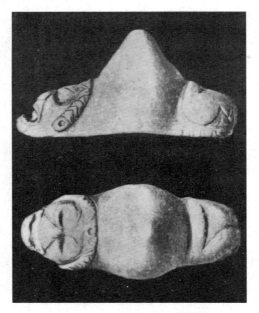

来自安的列斯群岛的三角石

在这些三角形的石头中,我们似乎还发现了阿特拉斯的思想与塑造世界的镐或者锤子的理念结合在了一起。因此,似乎在电闪雷鸣的符号中,整个亚特兰蒂斯文化的意义找到了一个核心。电闪雷鸣符号对于亚特兰蒂斯就像轮毂对于车轮的作用,提到它就必须提到木乃伊的习惯,巫术、神秘的宗教仪式以及石头建筑的艺术。传说中用来雕刻大地的雷神之锤(创世神之锤)与早期雕刻家用来塑造作品的工具一模一样。阿冈昆印第安人的神麦尼博兹霍用他的锤子塑造了山丘和山谷,并且在湖泊上建造了巨大的海狸水坝和鼹鼠。关于他的神话,曾有书写道,"他按照自己的喜好雕刻了陆地和海洋",就像波塞冬把亚特兰蒂斯岛雕刻成陆地和水域交替地带一样。波塞冬是主宰地震以及海洋的神,有一种合理的推论是,他用一把巨大的镐来主宰这一切,镐的样子就是在木头的轴上安装一个锋利的燧石钩,像托尔的雷神之锤或则卜塔的锤子一样。在大多数神话中,众神都是依靠它来完成土地塑造的。

这把神圣的锤子似乎就成了波塞冬在亚特兰蒂斯大陆的象征。很有可能,它会被裹着亚麻布,然后放在他的神庙里,就像朱庇特的黑色石头被保存在别迦摩,或者维齐洛波奇特利的箭被保存在墨西哥的大神庙金字塔里一样。在穆罕默德世界的中心——麦加的克尔白,一块类似的石头被裹着丝绸保存了下来,而它的配对物,是在爱尔兰群岛,被保存在一个独立的房子里。

墨西哥神话中有很多关于某个能工巧匠"巨大的手"的典故,这个人似乎与羽蛇神的功能一模一样。在玛雅神话中,这个形象也称之为"工作之手",是手握锤子的一种神化,在当地的手稿中明确表现出来那样的形象。羽蛇神是一位技艺精湛的工匠,是一位来自大西洋地区的泥瓦匠。在切基人的文化中是托希尔神,代表物是一块燧石。由此我们可以判断,这位来自海洋地区的英雄似乎象征着亚特兰蒂斯的文化中心。羽蛇神也是金星,这个身份赋予了这个复杂的行星双重意义。当我们发现有一个叫"巨大的手"在中世纪的传说中被认为是亚特兰蒂斯时,这一特点没有丝毫减弱。因为比安科湖的地图可以追溯到 1436 年,其中包含了一个岛屿,其意大利语名字可以翻译为"撒旦之手"。意大利作家福尔马莱奥尼曾经注意到这个名字,但是直到他在一本古老的意大利浪漫故事中偶然发现了一个与之相似的名字,才意识到了它的重要性。这个传说无疑与海洋地区的地震或大灾难有关,而且似乎很明显,是这个大西洋岛屿的神通过地震夺去了人类的生命。这个故事似乎与弥诺陶洛斯——波塞冬旗下的半牛半神相似,他在克里特岛也夺去了很多人的生命。在加那

利群岛的神话中，正如我们所看到的那样，那里的女祭司投身海洋，将自己献祭给了海洋之神作为安抚，泰坦的神话中也有类似的故事。

从柏拉图对亚特兰蒂斯的描述中，我们可以找到几乎所有关于亚特兰蒂斯复杂结构的细节，羽蛇神的神话也是一样。这两个大陆显示出了这种复杂文化曾经存在的明显痕迹，而且其他后期的岛屿也明显表现出受这种文化的影响。我已经努力证明过了，世界上其他任何地方都不存在包含这些特殊表现的复杂文化。毫无疑问，随着时间的推移，我们将有可能或多或少在这个复杂的体系中找到更多的资料。但是，一些已经被证明与之相关的证据，应该足以说明亚特兰蒂斯确实存在，而且很有可能是从大西洋一个已经沉没的地方传播出来的。